소크라테스처럼 읽어라

소크라테스처럼 읽어라

스스로 묻고 답하는 책 읽기

오준호 지음

| 목차 |

서문 _ 7

1부

책, 어떻게 읽을까

1. 왜 우리는 책을 읽는가 _ 13

2. 생각하는 독서를 하자 _ 35

3. 당신의 독서를 업그레이드하라 _ 61

4. 소크라테스처럼 읽어라 _ 93

2부

책, 어떻게 즐길까

5. 책과 평생 사랑하기 위한 독서 습관 _ 127

6. 필독서는 없다 _ 149

7. 함께 읽으면 독서가 더 즐겁다 _ 171

8. 때로 책장을 덮자 _ 191

| 서문 |

소크라테스처럼 까칠하게
소크라테스처럼 우직하게

기원전 399년, 소크라테스는 고발당한 피고의 신분으로 법정에 섰습니다. 그의 앞에 아테네 시민 5백 명이 재판관으로 앉아 있었고 시인인 멜레토스가 고발자들을 대표하여 기소장을 읽었습니다. 죄명은 신을 믿지 않고 청년들을 타락시켰다는 것이었습니다. 그러나 소크라테스는 차분하지만 물러섬 없는 논변으로 그 고발을 반박해 나갑니다.

소크라테스는 멜레토스에게, 자신이 청년들을 타락시켰다면 반대로 청년들을 선도한 이는 누구인지 묻습니다. 멜레토스는 그게 국법이라고 했다가, 재판관들이라고 했다가, 결국 아테네 시민 전체라고 대답합니다. 그러자 소크라테스는 자기 한 사람을 빼고 모두가 청년들을 선도하는데 어떻게 청년들이 타락할 수 있느냐고 묻습니다. 그건 어불성설이며, 멜레토스 당신은 사실 청년에게 별 관심이 없었던 것 아니냐고 역공을 펼칩니다. 이에 멜레토스는 말문이 막히고 맙니다.

그러나 고발자들은 소크라테스를 풀어주지 않고 재판을 계속합니다. 어차피 그들은 기소장에 올린 죄명 때문이 아니라, 소크라테스가 자신들이 대답할 수 없는 질문으로 자기네 무지를 폭로한 것, 그래서 사회 지배층으로서 자기네 권위를 땅에 떨어뜨린 것에 보복하려고 그를 잡아왔던 것입니다. 잘난 체하면서 도덕이 어떻고 아름다움이 어떻고 떠들던 그들에게, '지혜를 사랑하는 사람' 소크라테스는 과연 그 도덕과 아름다움이 무엇을 의미하는지 끈질기게 물었던 것입니다. 그래서 그들은 소크라테스와 그의 '까칠함'이 미워 죽을 지경이었습니다.

1차 투표에서 재판관들은 약 30표 차이로 소크라테스의 유죄를 판결했습니다. 그런데 형량을 판결하는 2차 투표에서는 80표 차이로 사형이 확정되었습니다. 1차 투표보다 50여 명이 더 반대편으로 넘어간 것인데, 소크라테스가 살려달라는 애원은커녕 동료 시민들을 위해 일한 보상으로 자기에게 '아테네 최고 호텔'의 귀빈 대우를 해달라고 하여 재판관의 비위를 건드렸기 때문이지요. 소크라테스는 자신이 사형을 면한다 해도 여전히 진리를 위해 살 것이고 사람들이 무지의 잠에 빠지지 않도록 묻고 또 물을 것이라고 말했습니다.

사형 판결을 받고 감옥에 갇힌 소크라테스에게 친구가 도망칠 것을 권하자 그는 이렇게 말합니다.

"가치 있는 것은 그냥 사는 것이 아니라 잘 사는 것이네."

잘 산다는 것이 부, 명예, 권세를 얻는 것일까요? 오직 진리와 정의의 편에 서는 것입니다. 그러나 소크라테스는 "나만이 진리를 알고 있다, 이 길이 바로 정의다."라고 선언하지 않았습니다. 그의 위대함은 "내가 알고 있는 유일한 사실은 내가 아는 것이 아무것도 없다는 것이다."라고 겸손해하며, 일체의 주어진 지식에 질문을 던지면서 '우직하게' 참된 진리에 다가가려고 애쓴 것입니다. 우리는 이런 소크라테스의 사유법을 '비판적 사고'라고 부릅니다.

책을 왜 읽는가, 묻는다면 궁극적으로 비판적 사고를 기르기 위해서라고 대답하겠습니다. 비판적 사고는 늘 근거를 찾고, 다른 면에서 보려고 하고, 자기가 안다고 생각하는 것까지 반성하는 태도입니다. 책은 읽는 사람에게 즐거움을 주고 지식의 보물창고이기도 하고 아픈 영혼의 치유제이기도 합니다만, 무엇보다 중요한 것은 비판적 사고를 통해 우리가 '생각하는 시민'으로 살아갈 수 있게 해줍니다.

본래 백성 민(民)자는 눈 목(目)자에 가시가 박힌 형상으로, 까막눈에 무식쟁이를 의미한 것입니다. 하지만 '원래 그러한 것' '현실이 그런 것' 따위의 체념을 받아들이는 대신 스스로 문제를 찾고 그 답을 탐구한 사람들이 있었고, 그들에 의해 역사와 사회가 발전해왔습니다. 이것이 바로 씨알 함석헌 선생이 "생각하는 백성이라야 산다!"고 외친 의미입니다. 그리고 사람들이 생각하는 시민으로 성숙할 때 그 길에 함께 했던 것이 책입니다. 권력자들도 그 사실을 알고 있기에 사람들이 책을 접하지 못하게 하려고 애를 썼습니다. 진시황은 분서갱유를 저질렀고, 아르헨티나의 독재정부는 관제 데모를 조직해 "책은 필요 없다. 구두를 달라!"고 외치게 했습니다.

요즘 사람들이 책을 안 읽는다고 하지만, 출판물의 양만 보면 인류 역사에서 우리가 이렇게 많은 책에 둘러싸인 적은 처음입니다. 그러니 독서를 권하는 목소리도 늘고 '독서 멘토'를 자처하는 책도 많이 쏟아졌습니다. 하지만 대부분 많이 읽고 빨리 읽어라, 고전을 읽어라, 책을 많이 읽어야 성공한다 등등 상투적인 권고에 그치고 있습니다. 생각하는 힘과 비판적 사고를 강조하는 책, 비판적 사고와 독서를 어떻게 연결시킬지 고민하는 책은 부족해 보입니다.

이 책의 제목처럼 우리에겐 '소크라테스처럼 읽기'가 필요합니다. 소크라테스처럼 끊임없이 질문하며 읽을 때, 우리의 독해력과 사고력이 수숫대처럼 자라고 독서의 즐거움도 여름날 풋과일 익듯 익어갑니다. 독일의 문학가 마르틴 발저는 "우리가 읽는 책이 우리를 만든다."라는 유명한 말을 남겼는데, 저는 그 말을 이렇게 바꿔보고 싶습니다. "우리가 읽는 방식이 우리를 만든다."라고요. 소크라테스처럼 현명하고 주체적인 인간으로 거듭나기 위해선 소크라테스처럼 읽어야 합니다.

무슨 책을 얼마나 읽는가보다 중요한 것이 어떻게 읽는가 하는 것입니다. 극작가 헨리 밀러는 "어떤 책이든지 읽는 이에게 생명을 불어넣을 수 있는 정신의 불꽃이 붙기까지는 그저 죽은 물건에 불과하다."라고 했습니다. 베스트셀러니까 읽는다, 수백만 명이 읽었으니까 읽는다, 이런 수동적인 독서 대신 '정신의 불꽃'이 튀는 그런 독서가 우리의 삶에 가득하기를 바랍니다.

2012년 6월 오준호

1

왜
우리는
책을 읽는가

책이 없다면 신도 침묵을 지키고 정의는 잠자며 자연과학은 정지되고 철학도 문학도 말이 없을 것이다.
— 토마스 바트린

인생의 의미를 찾으려면 책을 읽자

─── 지독하게 학교에 적응하지 못한 소녀가 있었습니다. 그녀의 이름은 '질리안 린'이었어요. 수업 중에 몸을 비비 꼬고, 집중력이 없고, 무척 산만한 아이였습니다. 참다못한 선생님은 질리안의 어머니를 학교에 불렀습니다. 그리고 질리안을 문제아라고 하면서 의사한테 한 번 보이는 게 좋겠다고 권했지요.

어머니는 애간장을 태우며 질리안을 한 정신과 의사에게 데려갔습니다. 질리안에게 잠시 이것저것 물어보던 의사는 이렇게 말했지요. "질리안, 어머님과 잠시 상의하고 올 테니 너는 이 방에서 기다리렴. 심심할 지도 모르니까 라디오를 켜 놓을게." 그리고 의사는 어머니와 밖으로 나가, 작은 창을 통해 안을 들여다보았습니다.

마침 라디오에서 음악이 흘러나오고 있었습니다. 질리안은 몸을 조금씩 움직이다가 급기야 일어나서 혼자 춤을 추는 거예요. 어머니는 "저것 보세요. 쟤가 저렇게 산만하답니다."라고 한숨을 쉬었습니다. 그러나 의사는 이렇게 말했지요.

"어머님, 질리안은 문제아가 아니에요. 저 아이는 '댄서' 입니다."

의사는 질리안을 댄스 스쿨로 보내라고 권했어요. 그 말대로 댄스 스쿨에 가게 되자 질리안은 완전히 다른 아이가 되었습니다. 눈빛이 바뀌었고 엄청난 집중력과 열정을 보이기 시작했죠. 나중에 질리안은 로열 발레 학교로 진학했고, 《캣츠》, 《오페라의 유령》 등 유명한 뮤지컬의 안무가가 되었으며, 백만장자가 되었습니다. 그녀는 후에 댄스 스쿨에 처음 등교했던 당시를 회상하며 이렇게 말했습니다. "나는 생각을 하려면 몸을 움직여야만 하는 사람이라는 걸 그때 처음 알았다."고요. 교육철학자 켄 로빈슨이 들려준 얘기입니다.

만약 질리안이 만났던 의사가 평범한 의사였다면 아마 몇 가지 약이나 처방해주면서 학교에 잘 적응하라고 했을 겁니다. 그녀는 지루한 수업을 계속 따라가야 했을 테고 문제아 소리를 들으며 자라야 했겠지요. 그랬으면 아마 인생의 의미를 찾지 못하고 평생을 허비했을지도 모릅니다. 그러나 그 의사는 질리안의 내면을 들여다보았고, 그녀가 자신의 가능성과 만날 수 있게 도와주었습니다.

우리는 어떻습니까? 10대에는 학교에서 입시를 준비하느라, 20대에는 좋은 직장에 취업하느라, 30~40대에는 직장에서 살아남느라 아등바등하며 살아갑니다. 그러면서 이렇게 말하죠. "어쩔 수 없어. 이게 인생이잖아. 헛된 꿈을 꾸다간 먹고살 수 없어. 세상은 원래 그래."

제가 만난 한 청소년은 그러더군요. 자기는 좋은 대학에 가서, 행정고시를 봐 공무원이 된 다음, 돈을 많이 모아 안정된 노후를 대비하겠다고요. 10대에 세우는 인생 목표가 70대의 노후 생활에 맞춰져 있는 거죠. 뭔가 잘못되었다는 생각이 들지 않나요? 노후 대비도 필요하지만 이건 삶이 노후의 인질이 된 것 같습니다. 10대는 20대의 절반이 아니며 70대의 7분의 1은 더더욱 아니지요. 진주처럼 빛나는 청년 시절 벌써 안정된 노후가 인생의 목표라니, 이래서야 어떤 신바람이 날까요?

우리에겐 질리안이 만났던 바로 그런 의사가 필요합니다. "너는 문제아가 아니야. 너는 댄서란다."라고 해줄, 처방전이 아니라 꿈을 줄 그런 의사 말이지요. 그러나 그런 의사를 만나기는 쉽지 않습니다. 그런 의사가 되어야 할 어른들은 '현실'이란 이름으로 '안정'이라는 하나의 삶의 모델만을 처방합니다. 하지만 좌절할 필요는 없습니다. 사실 우리는 이미 그런 의사를 알고 있기 때문입니다.

그 의사는 우리 안의 '또 다른 나'를 찾게 해주는 의사입니다. 내 인생의 테두리를 넘어서 무한한 우주가 있음을 알려주고, 내가 겪어보지 못한 삶, 가보지 못한 곳, 해보지 못한 일, 맛보지 못한 음식, 살아본 적 없는 사회, 떠올려본 적 없는 아이디어를 상상하게 해주는 의사입니다. "지금의 너는 너의 전부가 아니야. 너에겐 더 무한한 가능성이 있어."라고 말해주는 의사입니다.

책이라는 의사.

좋은 책 한 권을 만날 때 우리의 심장 박동은 빨라지고, 때로 펑펑 울고 싶어지고, 어떨 땐 주체할 수 없는 용기가 납니다. 때로 책은 우리를 바늘로 찌르는 듯 불편하게 만들고, 나 자신을 바보처럼 느끼게 합니다. 독서는 내 한계를 깨닫게 하면서 동시에 그걸 넘어 인생의 의미를, 새로운 인생의 가능성을 발견하게 합니다.

책이 질리안의 의사와 다른 점은 우리 스스로 질문하고 선택하게 한다는 겁니다. "나는 누구인가?" "나는 왜 사는가?" "나는 무엇을 하고 싶은가?" 이런 질문을 통해 우리는 결단을 하게 됩니다. 지금처럼 살 것이냐, 더 의미 있는 삶을 살 것이냐. 리처드 바크의 『갈매기의 꿈』에서, 절대 다수의 갈매기들에게 중요한 것은 나는 것이 아니라 먹는 것이었지만, 갈매기 조나단에게만은 먹는 것보다 나는 것이 훨씬 중요했던 것처럼 말입니다.

독서는 지적 호기심을 채워준다

─── 일본의 지식인 다치바나 다카시는 인간의 진화에 대해 이렇게 얘기했습니다. 열대 정글이야말로 원숭이가 살기에 적합한 환경인데, 정글 밖 사바나엔 뭐가 있을까 궁금해 했던 정말 독특한 원숭이들이 있었다고요. 다른 원숭이들은 도저히 그 원숭이들을 이해할 수 없었을 겁니다. 여기가 먹이도 풍부하고 살기도 족한데 왜? 그러나 그 원숭이들은 결국 정글에서 나와 사바나로 이동했고 마침내 인류로

진화했습니다. 남은 원숭이는 그냥 원숭이로 살았던 것이고요.

인류는 생존에 적합한 곳을 찾아 어쩔 수 없이 움직인 게 아닙니다. 우리의 직계 조상으로 이야기되는 호모 사피엔스는 약 10만 년 전 아프리카에서 이동을 시작하여 5만 년 전쯤에 유럽과 아시아로 갈라졌고, 계속 움직여 3만 년 전에는 배를 타고 오스트레일리아와 태평양 일대에 정착했습니다. 한국인의 조상인 몽골로이드도 그 시기에 동아시아에 퍼졌는데 그 일부는 시베리아 쪽으로 가 1만 3000년 전쯤 빙하기로 해수면이 낮아진 베링 해협을 건너 알래스카로 넘어갑니다. 따뜻한 곳에 머무르는 대신 그들은 북쪽으로 갔던 것이고, 1만 1000년 전 북아메리카를 통과해 남아메리카에까지 이릅니다. DNA 미토콘드리아를 조사해보면 남미인들과 아시아인들은 유전적으로 같은 조상에서 나온 것이 확실하다고 해요.

이것은 무엇을 뜻할까요? 인간에겐 '다른 세계에 대한 호기심'이 있다는 것입니다. 초원 너머에는 뭐가 있을까? 저 산 너머에는 뭐가 있을까? 바다 건너에는 뭐가 있을까? 이런 호기심이 바로 인류의 본성이자 인류 문명을 만든 근원적 동력이란 얘기지요. 지적 호기심, 즉 앎에 대한 본능이 지금의 우리를 만들었습니다.

우리가 책을 읽는 것은 이러한 지적 호기심이 있기 때문입니다. 새로운 지식에 대한 인간의 호기심이 어느 정도냐 하면, 때로 힘센 권력자들은 자신에게 위협이 될까 두려워 지식에 대한 접근을 막았지만, 그러면 인간은 생존의 위협까지 감내하면서 책을 읽었습니다. 히틀러 치하의 독일에선 '분서(焚書)축제' 같은 어처구니없는 행사들이 종종 열렸습니다. 나치스 선전 책임자 괴벨스의 지휘 하에 군중들은 베를린 광장에 책을 쌓아 불을 질렀고, "마르크스를 불사르라!" "프로이트를 불사르라!" "하이네를 불사르라!" 따위의 구호를 외쳤습니다. 그러나 사람들을 앎으로부터 멀어지게 만들어보려는 어떤 시도도 결국엔 성공하지 못했죠. 인간의 지적 호기심을 막아보려던 정치권력은 예외 없이 몰락했으며 그 제한은 결국 하나씩 풀려갔습니다. 지적 호기심을 막는 것은 인간의 본성, 아니 인간 그 자체를 금하는 것이라 애초에 불가능한 것이지요.

지적 호기심을 힘으로 누른 권위주의가 인간 본성에 역행하는 것이라면, 감각적 쾌락 생활에 빠져 독서를 멀리하고 지적 호기심을 소홀히 하는 것도 역시 자신의 본성을 거스르는 일입니다. 그러면 반드시 문제가 생깁니다.

인간의 진화는 지적 호기심에 따른 것이며, 그 진화의 핵심에는 뇌의 발달이 있지요. 사실 인간이란 종이 지닌 심각한 약점은 바로 미숙아로 태어난다는 것입니다. 기린을 보세요. 태어나자마자 영차 하고 일어나 뛰어다니잖아요? 강아지도 몇 주면 발발거리며 돌아다니는데 인간은 혼자 앉는 데만도 반 년, 혼자 서는 데까지 최소한 1년 이상 걸립니다. 이게 다 엄마의 자궁에서 충분히 성숙하지 못한 채 태어났기 때문입니다. 그러면 왜 자궁 안에 더 있지 않고 빨리 나왔느냐? 머리의 크기 때문이거든요. 산도를 통과하기에 인간의 머리는 너무 커서 그나마 나올 수 있을 때 빨리 밀어내 버려야 하는 겁니다. 인간은 신체에서 뇌가 차지하는 비중이 가장 고등한 영장류보다도 두 배 이상 큽니다.

그러면 왜 이렇게 뇌가 커진 것일까요? 우리의 뇌는 크게 뇌간, 대뇌변연계, 대뇌피질 이렇게 세 부분으로 나눠져 있습니다. 가장 안쪽에 있는 뇌간을 파충류의 뇌라고도 부르는데, 파충류 중 포유류를 닮은 수궁류로부터 포유류가 진화했기 때문이죠. 이 뇌는 배고픔, 공포, 성욕 같은 아주 원초적 기능을 갖고 있습니다. 뱀을 보면 흠칫 놀라고 맛있는 음식을 보면 침을 흘리는 건 이 뇌가 하는 것이지요. 그 바깥쪽의 대뇌변연계를 포유류의 뇌라고 합니다. 여기에는 정서를 불러일으키는 기능이 있어요. 동료나 새끼와의 유대가 이 뇌에서 나오지요. 도마뱀은 주인을 몰라봐도 개는 주인과 교감하잖아요? 그보다 바깥쪽에 있는 대뇌피질은 고등영장류에게서 발견되며 그중에서도 전두엽은 직립보행 이후에 발달해왔다고 합니다. 도구를 만들고 문명을 이루면서 점점 커진 부위로, 이 부위로 인해 비판적이고 창조적인 사고 활동이 가능하지요. 인간의 뇌는 진화의 역사가 모두 담겨 있기 때문에 그처럼 큰 것입니다.

인간의 특징적 뇌 기능은 직립보행을 하면서부터 발달했다고 했는데, 사실 직립보행으로 우리가 잃은 것도 무척 큽니다. 원래 척추는 등에서 배로 무게를 견디도록 설계된 것이지 머리에서 엉덩이까지의 무게를 견디도록 설계된 것이 아니거든요. 너무 많은 하중이 골반에 실리게 되면서 인간은 늘 요통과 관절염을 달고 살게 됩니다. 또 네 발 가운데 두 발은 대지에 딛고 달리는 다른 동물에 비해 인간은 달릴 때 두 발 모두가 공중에 뜨기 때문에 민첩한 행동과 방향 전환에 상당한 제약을 받게 되죠. 인간의 뇌는 이러한 손실을 대가로 하여 발달한 것입니다.

하지만 책을 멀리하고 지적 호기심을 소홀히 할수록 우리의 뇌는 포유류의 뇌, 파충류의 뇌 기능이 더 강해집니다. 즉 지적으로 퇴화하면서 인간다움에서 멀어지는 것입니다. 이 원시시대 뇌의 특징은 편견, 자기중심적 사고, 고정관념, 조급한 일반화 같은 것입니다. 도마뱀의 뇌는 덩치 큰 동물을 만났을 때 자세히 알아보기보다 일단 도망부터 치라고 지시하겠지요. 그래야 살아남을 확률이 커지니까요. 그날그날의 생존에 몰두하는 것, 유전자의 보존과 계승을 위한 효율적인 도구가 되는 것, 그것이 인간이 아닌 동물들의 삶입니다. 동물의 뇌가 강해지면 우리도 편견과 아집이 심해지고 이기적으로 됩니다. 그것은 성격의 하나라기보다 퇴화하고 있다는 증거입니다.

인간은 감각적인 쾌락에 만족하지 않고 항상 새로운 것에 호기심을 갖고 몰두해왔고, 그것이 우리를 파충류로부터 포유류로, 문명을 가진 존재로 진화시켰습니다. 지적 호기심은 우리 DNA에 이미 새겨져 있으며, 따라서 우리는 누구나 그 호기심을 발동하여 자신의 내면을 성숙시킬 가능성과 권리가 있습니다.

지적 호기심도 훈련으로 길러지고 습관에 의해 몸에 뱁니다. 그래서 지적 호기심이 상대적으로 왕성한 젊은 시기에 독서에 미친 듯이 빠져야 합니다. 이때의 몰입 경험이 평생을 좌우합니다.

독서는
우리에게 즐거움을 준다

───── 독서는 인생의 의미를 주고, 지식과 정보를 줍니다. 자기계발의 테크닉도 주고, 리더가 되고 성공하기 위해 필요한 교훈들도 줍니다. 하지만 그 무엇보다 고마운 것은 독서가 우리에게 즐거움을 준다는 사실입니다.

우리는 재미있는 소설을 읽고 킥킥거리기도 하고, 비운의 주인공에 몰입하여 눈물을 흘리기도 하며, 몰랐던 사실을 알아 짜릿함을 느끼기도 하고, 한 문장 이해하기도 어려운 철학서를 끙끙대고 읽은 후 고급의 지적 쾌감을 맛보기도 합니다. 이때 문학은 여가를 위한 것이고 실용서는 정보를 위한 책이며 인문학은 인격 성숙을 위한 것이라는 분류는 별로 의미가 없습니다. 문학 평론가가 매주 10권씩 소설을 읽는 일은 그리 즐거운 일이 아니겠죠. 반면 제 친구 중 하나는 양자역학에 대한 책이 소설보다 더 재미있다고 합니다. 그게 무엇이 됐든, 독서의 묘미는 바로 이 즐거움에 있습니다.

또한 즐거워야 독서와 친해질 수 있습니다. 조선 전기 유학자 김안국에게 김정국이란 동생이 있었는데, 이분이 나이가 스무 살이 되도록 까막눈이었답니다. 부모님이 글공부를 해야 출세도 하고 가문도 빛낸다고 아무리 타일러도 그는 학동들도 다 뗀 '천자문'조차 읽지 못했지요. 그런데 이 애길 들은 어떤 처녀가 자원해서 김정국에게 시집을 왔습니다. 김정국이 부인의 치마폭에서 신혼의 단맛을 즐기는데, 어느 날 부인은 "옛날이야기 해 드릴까요?"하면서 정말 재미지게 이야기보따리를 풀었지요.

김정국은 그 이야기가 너무나 좋아서 매일 부인을 졸랐답니다. 몇 달 동안 연이어 이야기를 들려주던 부인은 어쩐 일인지 갑자기 "오늘부터는 이야기를 하지 않겠습니다."며 딱 자르는 겁니다. 김정국은 몹시 아쉬워하며 어떻게 그 이야기를 다 아는 거냐며 물었더니 부인은 책에 있으니 궁금하면 책을 보라고 했지요. 김정국이 글을 못 읽는다고 하니까 부인은 그러면 글을 가르쳐주겠다고 했습니다. 김정국은 오로지 이야기가 궁금하여 열심히 글을 배우고 책을 읽었습니다. 그러자 어느 순간 문리가 트더니 공부에 맛을 들여 과거에 급제까지 합니다.

뒷날 누가 김정국에게 "어째서 아이들도 다 떼는 천자문을 못 읽었소?"하고 물으니까 이렇게 답해요. "천자문의 첫 대목이 '天地玄黃(천지현황)' 아닙니까? 하늘은 검고 땅은 누렇다는데, 나는 아무리 생각해봐도 이해가 안 가더란 말이오. 이해가 안 가는 글을 어찌 내가 외울 수 있었겠소?"

책이고 공부고, 재미가 없으면 하기 싫은 건 당연합니다. 그런데 요즘 독서에 너무 과한 목적의식을 불어넣는 경향이 있어 독서의 흥미를 떨어뜨리지 않을까 걱정됩니다. 입시를 위한 독서, 직장인 자기계발을 위한 독서, 리더가 되기 위한 독서 ― '~을 위한'이 강조되는 독서입니다. 꼭 '무엇을 위해' 독서를 해야 할까요? 그럼 왠지 부담스럽지 않나요? 어떤 이는 이런 독서를 '소실점의 독서'라고도 부릅니다. 한 점 목표를 향해 달려가는 독서이지요. '그냥 그 자체가 즐거우니까, 재미있으니까!' 이런 마음이 독서의 기본이 되길 바랍니다. 부담이 되면 빨리 지치고 맙니다. 즐거워야 지치지 않고 평생 독서를 할 수 있습니다.

책읽기를 강조하면서 "리더(leader)가 되려면 리더(reader)가 되어야 한다."라고도 말하지만, 그런 말에 너무 집착하지 말았으면 좋겠습니다. 하루는 길을 가다가 과일 노점상 아저씨가 간이의자에 앉아 책을 읽는 모습을 보았습니다. 더운 여름날이라 손님도 없는데 뙤약볕 속에서 무엇이 그토록 재미있는지 싱긋 웃으며 열심히 읽고 계시더군요. 그분이 과일 도매업에서든 우리 사회에서든 리더가 되지 못하고 단지 친절한 동네 노점상으로 계신다면 그 분은 성공하지 못한 리더(reader)일까요?

목표를 이루고 무언가 되기 위한 독서도 분명히 의미가

있습니다. 하지만 저는 독서가 우리의 힘든 삶을 견딜 수 있게 해주기 때문에 독서를 사랑합니다. 즐거운 독서는 인생을 살 만한 것으로 만들어줍니다.

즐기는 독서가가 성공한다

───── 즐기는 독서가는 지적 호기심과 정서적 쾌감과 같은 내면적 동기를 시험이나 성공과 같은 외면적 동기보다 중요시하는 사람입니다. 그런데 즐기는 독서가가 결과적으로도 필요에 의해 읽는 독서가를 앞지릅니다.

『논어』에서 공자님도 말합니다. "잘 아는 사람이 그것을 좋아하는 사람만 못하고, 그것을 좋아하는 사람은 그걸 즐기는 사람만 못하다.(知之者 不如好之者 好之者 不如樂之者)" 하위징아의 『호모 루덴스』는 인간은 '놀이하는 동물'이라고 합니다. 그는 놀이 속에서 예술이 싹트고 문화가 꽃을 피웠다고 하죠. 인간을 '도구를 쓰는 동물(호모 파베르)'로만 이해한다면 책은 다른 무엇을 위한 도구일 뿐이며 독서의 목표는 오로지 효용 극대화가 됩니다. 측정 기준이 양으로

만 단순화되므로 "아, 남들은 저만큼 읽었는데!"라며 조급함이 옵니다. 그러나 호모 루덴스의 독서는 책을 갖고 놀면서 여유롭게 사색할 줄 아는 것입니다. 이런 독서가 우리를 창조적 인간으로 만듭니다.

게다가 즐겁게 읽은 책이 머리에 남습니다. 어렸을 때 전셜록 홈즈 시리즈를 미치도록 좋아했죠. 빨리 불 끄고 자라고 어머니가 호통을 치시면 이불을 뒤집어쓰고 손전등을 밝혀 책을 읽었습니다. 그게 얇은 책으로 한 40권 되었는데 이십여 년이 흐른 지금도 내용이 거의 기억나요. 반면 고등학교 문학 수업에 선생님의 졸린 말투를 참으며 읽은 참고서의 소설이나 시는 가물가물합니다. 대학의 전공 시간에 읽었던 온갖 개론서들은 어디로 들어와 어디로 나갔는지 모르겠어요. 그런데 선후배들과 모여 열띤 토론을 하며 읽었던 소위 '불온서적'들 ― 지금은 청소년들의 교양도서인 조정래의 『태백산맥』이나 E.H.카의 『역사란 무엇인가』가 십수년 전만 해도 불온서적이었습니다 ― 은 아직까지도 뇌리에 박혀 있습니다.

여기에도 과학적 근거가 있습니다. 기억은 뇌의 신경세포 돌기 말단의 시냅스에 저장됩니다. 그런데 하나의 시냅스에 하나의 기억이 저장되는 것이 아니라, 여러 시냅스에 정보가 조각조각 나뉘어 단편적으로 저장되어 있다가 기억을 활성화할 때 그 조각들이 네트워킹하면서 이미지를 만들어내는 것입니다. 즉 하나의 기억도 머릿속 구석구석에 퍼져 있다는 얘기죠. 그리고 어떤 정보가 다양한 이미지를 포함하고 있으면 그것을 기억해낼 때 뇌도 활성도가 높아져 더 잘 기억납니다. 셜록 홈즈를 읽을 때 저는 이야기는 물론 어머니의 야단, 이불 속 손전등 불빛, 몰래 책을 읽는다는 스릴감 등 온갖 감각적이고 정서적 요소를 함께 입력했던 것이고 따라서 기억을 떠올릴 때도 부분적 요소들이 상호 자극하면서 전체 기억을 생생하게 만드는 것이지요. 지루하게 열 권 읽기보다 즐겁게 몰입하여 한 권 읽는 것이 더 뚜렷한 기억으로 남는다는 얘깁니다.

그럼 어떻게 하면 즐겁게 읽을 수 있느냐? 남들의 기준, 남들의 속도에 맹목적으로 따라가지 말고 주체적인 독서를 하면 됩니다. "이것은 필독서다, 전문가들이 꼭 읽으라고 한다, 반드시 읽어라."라는 말, "저 책은 베스트셀러다, 백만 명이 이미 읽었다, 읽지 않으면 시대에 뒤쳐진다." 같은 말에 주눅들 필요 없습니다.

독서는
우리를 삶의 주인으로 만든다

────── 트리나 폴러스의 동화 『꽃들에게 희망을』에서는 수십만, 수백만의 애벌레들이 왜 그래야 하는지도 모르면서 서로를 밟고 자꾸만 위로 올라갑니다. 먼저 올라간 애벌레들이 추락하는 것을 보면서도 그들은 동료보다 먼저 올라가려고만 하지요. 그러나 꼭대기엔 아무것도 없어 그저 뒤에서 미는 대로 떨어질 뿐이고, 자신의 길이 다른 곳에 있음을 안 애벌레만이 내려와 고치를 지어 나비가 됩니다.

우리 역시 이 사회에서 한 계단이라도 더 올라가려고 미친 듯이 경쟁합니다. "왜 그러느냐?"고 물으면 "남들이 다 하니까."라고 답하곤 합니다. 독서로 인생의 의미를 생각하게 되면, 주어진 삶이 절대적이 아님을 알게 되고 꿈을 꾸게 됩니다. 더 나은 삶을 상상하게 됩니다. 상상력은 우리를 삶의 주인으로 만듭니다. 미래를 상상하지 못한다면 삶의 노예입니다.

그 이름만으로 백만 달러의 브랜드가 된 오프라 윈프리. 그녀는 미시시피에서 사생아로 태어나 극빈층 어머니 밑에 자랐으며 9살 때 사촌 오빠에게 강간을 당했고 14살에 미숙아를 사산했으며 20대 초반에는 마약을 복용했습니다. 그녀는 시쳇말로 '내놓은 애'였습니다. 하지만 그녀는 고통과 외로움에 눌려 쓰러지는 대신 책을 읽었고, 책에서 자기처럼 불행한 사람들을 만나 공감했으며, 슬픔을 재치로 이겨내는 법을 배웠습니다. 그런 그녀였기에 출연자와 진심어린 소통이 가능했고, '오프라 윈프리 쇼'는 상업적 토크쇼를 넘어선 휴먼 드라마가 되었습니다. 윈프리는 시카고의 한 도서관에 10만 달러를 기부하면서 이렇게 말했습니다. "책은 저만의 자유에 이르는 길이었습니다. 책을 통해 저는 미시시피의 농장 너머에는 도전해야 할 큰 세상이 있다는 것을 알게 되었습니다."

또한 지적 호기심에 불타는 사람, 진실을 추구하는 사람은 시련이나 유혹에 쉽사리 흔들리지 않습니다. 마틴 루터 킹 목사와 더불어 1960년대 흑인 민권운동의 선두에 섰던 맬컴 X는 감옥에 갇혔을 때 의기소침하거나 백인들에게 굴복하기는커녕 교도소 도서관에 있는 책을 모조리 읽습니다. 그는 감옥에서 나갈 때까지 책을 손에서 놓지 않았고, 심지어 감옥에 갇혔다는 사실조차 의식하지 못했다고 합니다. 그는 이렇게 고백하지요. "나는 이제까지 내 인생에서 한 번도 자유로운 적이 없었다. 그러나 독서를 통해 내 안에 잠자던 열망을 발견할 수 있었다."라고. 교도소 도서관은 그를 투사로 만들어준 학교였던 겁니다. 김대중 전 대통령도

민주화 운동 중에 감옥에 갇혔지만, 그때 아놀드 토인비의 『역사의 연구』를 읽고 자신의 신념을 더욱 곧추세울 수 있었다고 하지요. 한반도 침략의 원흉 이토 이로부미를 저격하고 감옥에 갇힌 안중근 의사는 사형이 선고된 후에도 한 치의 미동 없이 책을 읽었습니다. 그를 지켜본 일본인 간수까지 그 뜨거운 독서열에 감동하고 말 정도였지요. 이처럼 정의와 진실을 탐구하는 사람은 비록 그 몸이 갇혀 있어도 누구보다 자유롭습니다.

또한 독서의 즐거움은 인생에 나만의 리듬을 만듭니다. 독서에 몰입할 땐 외부의 시간이 정지되고, 책을 덮으면 달라진 내 눈 앞에 세상은 예전과 같지 않습니다. 자신의 리듬이 있는 사람은 컨베이어 벨트에 얽매여 흘러가지 않고 주체적인 삶을 삽니다. "동짓달 기나긴 밤을 한 허리를 베어다가 / 춘풍 이불 아래 서리서리 넣어두고 / 어론 님 오신 날이면 굽이굽이 펴리라." 황진이가 시간을 휘휘 감기도 하고 펴기도 하는 것처럼, 우리도 책 한 권에 빠졌을 땐 시간의 객체가 아니라 시간의 주인이 되는 경험을 합니다.

이룰 수 없는 꿈을 꾸고,
이길 수 없는 적과 싸우고,
견딜 수 없는 슬픔을 견뎌내며,

용감한 사람들도 가보지 못한 곳에 달려가는 것,

옳지 못한 것을 옳게 바꾸고,
저 먼 곳의 순수한 것을 사랑하고,
양팔의 힘이 다 빠질 때까지 노력하며
닿을 수 없을 듯한 별을 향해 나아가는 것

아무리 멀고 희망 없어 보여도
이것이 저 별을 찾아 가는 나의 길이다
— 뮤지컬《라 만차의 사나이》, 돈키호테의 노래

  독서는 돈키호테의 여행일지도 모릅니다. 독서는 자판기에 동전을 넣고 물건을 빼내는 것이 아닙니다. 독서는 궁극적으로 '이룰 수 없는 꿈'을 꾸고 '닿을 수 없을 듯한 별'을 찾아가는 것이지요. 꿈과 별, 그것이 우리를 삶의 주인으로 만듭니다.

2

생각하는 독서를 하자

> 나는 속독법을 배웠기에 『전쟁과 평화』를 20분 만에 다 읽었다. 그 책은 러시아에 대한 이야기다.
> ─ 우디 알렌

지식 검색의 시대, 책은 사라지는가?

─────"책상에 앉아 책을 처음부터 끝까지 읽는 것은 바보 같은 짓이다. 인터넷으로 필요한 정보를 더 빨리 찾을 수 있는데 왜 시간을 허비하는가?"

 미래학자 니콜라스 카는 자신의 책 『생각하지 않는 사람들』에서 어느 디지털 세대로부터 들은 이야기를 소개하고 있습니다. 그 젊은이는 '숙달된 정보 사냥꾼'이 되면 책은 쓸모없는 것이 된다고 합니다. 그는 대학에서 장학금도 받는 우수한 학생입니다. 그렇다면 정말 지적 활동의 패턴은 불가역적으로 바뀐 것일까요? 독서는 정말 낡은 관습이 된 걸까요?

지식과 정보가 차고 넘친다는 이 시대에 도리어 우리가 지적으로 퇴화하고 있다고 걱정하는 사람들이 많습니다. 책읽는사회문화재단 도정일 이사장은 오늘날 청년들이 '3초 5분 문화'에 길들여져 있다고 해요. 클릭해서 내 눈 앞에 가져오는데 3초, 쪼가리글 읽는데 5분, 이것을 넘어가는 글은 읽지 않으려고 한다는 거죠. 도 이사장은 지금의 시대가 '좀비의 시대'가 되고 있다고 비판합니다. 책은 기본적으로 느린 매체이고 사고력은 발효할 시간이 필요한 법인데, 이를 견디지 못하는 우리는 점점 감각적 자극의 노예가 되어 간다는 얘기죠.

그럼에도 불구하고 이런 반문도 있을 법합니다. 지식 권력이 인터넷으로 넘어갔다는 사실은 인정해야 하는 게 아니냐? 지식 정보 습득의 효율성 측면에서 책은 도저히 인터넷의 상대가 되지 못하는 것 아니냐?

교육철학자 켄 로빈슨 교수는 이런 질문을 던집니다. 지금 이 책을 읽는 여러분이 스무 살이라고 하고, 앞으로 60년 후 모든 경제 활동에서 은퇴한다고 생각해보죠. 그때는 대략 2070년대가 되겠군요. 2070년, 상상이 되시나요? 지금 우리가 중요시하는 지식 정보 가운데 그때도 여전히 유용할 지식이 몇 퍼센트나 될까요? 참고로 미국 실리콘 밸리의 최첨단 기술자들도 5년 뒤의 지식 판도조차 예측하지 못하고 있습니다.

 지식과 정보의 변화 속도가 너무 빨라 그걸 얼마나 많이 아느냐 하는 것만으로는 이제 큰 의미가 없어졌습니다. 켄 로빈슨 교수는 앞으로 30년간 배출될 대학 졸업자가 현재까지 인류 역사상 배출한 대학 졸업자의 숫자보다 많을 거라고 합니다. 학력 인플레이션, 지식 인플레이션이 온 것이죠. 말마따나 자장면 배달을 하려고 해도 운전면허증과 함께 대학 졸업장이 있어야 될 거예요. 차고 넘치는 게 아마 지식일 겁니다.

 따라서 미래 사회는 단순한 지식 정보 습득 그 이상을 요구할 수밖에 없습니다. 미래학자 다니엘 핑크는, "이제 우리에게 팩트는 넘쳐난다. 그런 팩트를 스토리와 문맥으로 엮지 못하면 팩트는 증발하고 만다."라고 합니다. 무슨 말인가요? 한 분야만의 지식보다 여러 분야의 통섭적 지식이, 지식 검색 능력보다 지식 활용 능력과 지식 창조 능력이 더 중요해진다는 얘기죠. 도정일 이사장은 "정보 못지않게 중요한 것이 정보를 판단하는 비판적 능력, 지식 못지않게 중요한 것이 지식을 생산하는 생각의 능력"이라고 강조합니다. 우리 시대 창조성의 아이콘이 된 스티브 잡스조차도

"지식과 기술이 세상을 바꿀 수는 없다."라고 잘라 말해요. 그가 강조하는 것은 바로 '대담한 상상력'입니다.

지식 활용 능력, 지식 창조 능력, 비판적 사고력, 대담한 상상력 — 한 마디로 '생각하는 힘'입니다. 역사상 가장 복잡하고 다이나믹한 이 시대를 헤쳐가려면 우리는 생각하는 힘을 키워야만 합니다. 생각하는 힘이 있어야 미래 사회의 창조자로, 그리고 주체적인 민주 시민으로 살아갈 수 있습니다. 그리고 생각하는 힘을 기를 수 있는 가장 좋은 방법은 독서입니다.

독서는 어떻게 사고력을 키우는가

───── 왜지? TV나 인터넷으로 정보를 얻는 거나 책을 읽는 거나 뭐가 그렇게 다르다는 거지? 왜 우리는 TV나 인터넷은 '본다'라고 하면서 책은 '읽는다'라고 할까요? 그건 독서가 가진 독창적인 특징 때문입니다.

알베르토 망구엘의 『독서의 역사』에 따르면, 아주 오래 전부터 학자들은 '눈으로 보는 행위'의 원리를 규명하는 데

관심이 많았다고 합니다. 기원전 4세기 그리스의 에피쿠로스는 물체의 표면에서 원자들의 얇은 막이 흘러나와 우리 눈으로 들어오는 것이라고 생각했고, 유클리드는 관찰자의 눈에서 대상을 이해할 수 있는 빛이 마치 레이저처럼 쏘아져 나온다고 했어요. 기원후 2세기 그리스의 의사 갈레노스는 영혼의 일부가 공기 속으로 흘러가면, 그 공기가 인지능력을 갖게 되어 대상을 파악하는 것이라고 했죠. 거기에 대해 "그럼 어떻게 영혼이 저 멀리 있는 별까지 그토록 빨리 움직이느냐?" 이런 문제 제기도 있었다고 해요.

이처럼 보는 행위에 대해 고민하고 분석한 결과, 단순한 보기와 읽기를 구별하게 되었습니다. 11세기 알 하이삼이란 이집트 학자가 일반적인 감각과 지각을 구분한 이후부터 보는 행위보다 읽는 행위가 더 뛰어난 지적 행위라고 이해되었어요. 그럼 읽기 행위의 고차원적 본질이 뭐냐, 바로 새로운 의미를 창조한다는 점입니다. 20세기에 와서야 학자들은 이 점을 분명히 했습니다.

확실히 우리의 독서 행위는 눈으로 사진을 찍어 정보를 머리에 입력하는 것과는 다릅니다. 우리는 진흙 속에서 사금을 찾아내듯 독서하면서 지식을 능동적으로 구성(構成)하는 작업을 합니다. 우리가 아무 생각 없이 TV를 볼 수는 있지만, 아무 생각 없이 책을 읽을 순 없어요. TV의 이미지는 가만히 있어도 머릿속에 들어오지만, 독서를 할 땐 활자를 의미로 전환해야 하고, 그것을 이미지로도 떠올리며, 나의 배경지식을 끌어와서 비교하고 대조하면서 읽어야 합니다. 클릭 한 번으로 정보를 눈앞에 가져오는 웹서핑에 비하면, 독서할 때 우리는 인내심을 갖고 수많은 정보를 조직해가야 내용을 이해할 수 있습니다. 그러나 이런 능동성이야말로 독서 행위의 본질입니다. 그리고 이 능동성이 사고력을 성장시키는 열쇠입니다.

『걸리버여행기』에는 '발니바르비'라는 나라가 나옵니다. 이곳 학자들은 아무 쓸 데도 없는 연구를 하며 일생을 바칩니다. 오이에서 태양광선을 뽑으려 들고 거미에서 비단을 만들어내려고 하지요. 작가 조나단 스위프트는 당시 영국의 왕립과학아카데미에서 이뤄지던 비실용적인 연구들을 풍자하려 했다고 합니다. 발니바르비의 어떤 언어학자는 아이러니하게도 언어를 폐지하려고 연구에 몰두합니다. 사람들이 단어를 말할 때마다 허파가 조금씩 닳기 때문에 건강에 해롭다는 거예요. 그럼 언어 대신 무엇으로 의사소통을 하느냐? 그들이 고안한 방법은 등에 커다란 물건 보따리를 지고 다니다가 대화할 때 직접 물건을 꺼내 보여주는 겁니다. '사과'에 대해 말하고 싶으면 보따리에서 사과를 꺼내는 거죠.

　이런 엉터리 같은 일이 인터넷 시대에 자칫 일어나는 것은 아닐까 걱정이 됩니다. 정보의 바다인 인터넷에 어디서나 접속할 수 있다는 건 물건 보따리를 조그맣게 만들어 갖고 다니는 것과 비슷합니다. '사과'하면 다들 사과를 검색해서 보여줍니다. 그러나 21세기가 요구하는 것은 사과만이 아닙니다. 나만의 맛과 향기를 지닌 사과, 목동 파리스가 미의 여신에게 건넨 것처럼 독창적 스토리와 결합된 황금 사과가 필요합니다.

　그런 사과를 상상할 수 있는 힘은 여전히 독서에 있습니다. 『잃어버린 시간을 찾아서』를 쓴 프루스트는 이렇게 말합니다. "진정한 탐험이란 새로운 풍경을 찾는 것이 아니라 새로운 눈을 가지는 것이다." 독서는 우리에게 '새로운 눈'을 줍니다.

우리는 사고의 '생활습관병'에 걸려 있지 않나

───── 『고도를 기다리며』의 극작가 사무엘 베케트가

하루는 길을 가는데 어떤 괴청년이 칼로 그를 찔렀습니다. 베케트는 쓰러져 병원에 실려 가고 청년은 경찰에 체포되었어요. 다행히 목숨은 건진 베케트가 병실 침대에 누워 아무리 생각해봐도 도대체 그 청년이 자기를 왜 찔렀는지 알 수가 없었습니다. 그래서 퇴원하자마자 베케트는 교도소로 청년을 면회 가서 물었습니다. "이봐, 도대체 왜 나를 찔렀나?"

"모르겠는데요."

청년의 이 대답에 베케트가 얼마나 황당했을까요?

그는 나중에 이 일을 이렇게 술회합니다. "차라리 그 청년이 무슨 이유라도 댔다면, 그 이유가 아무리 어처구니없어도 나는 오히려 편안했을 것이다. 최소한 이유는 있는 것이니까. 그런데 모르겠다니, 이 무슨 어이없는 대답인가!"

오늘날 사람들은 과거 어느 때보다 많은 지식을 갖고 있습니다. 아마 초등학생도 4백 년 전 갈릴레이가 평생 연구한 것보다 많은 지식을 더 정확히 알고 있을 거예요. 요즘 책을 안 읽는다고 난리지만, 중고등학교 교과서에서 간접적으로 읽은 책까지 포함하면 아마 100년 전 평범한 조상들이 평생 읽은 것보다도 많은 책을 읽을 겁니다. 그래서 우리들이 그만큼 지혜로울까요? 지식 머리는 커졌지만 오히려 주체적으로 생각하고 행동할 줄 모르는 사람들이 늘어난 것 같습니다. 시험지의 정답 맞추기는 곧잘 하면서도 일상생활의 아주 간단한 문제에는 베케트를 찌른 청년처럼 말하죠. "모르겠는데요."

어떤 교수님이 수업을 하려고 들어가는데 학부모가 와서 따지더랍니다. 자기 아이 성적이 잘 안 나왔는데 교수님이 채점을 잘못 하신 것 아니냐고요. 대학 강사들의 얘길 들어 보면 이 정도는 특별한 축에도 속하지 않는답니다. 설문조사를 해보니 대학생 60% 이상이 자신에게 마마보이나 마마걸 기질이 있다고 하고, 10% 정도는 스스로 '심한 마마보이'라고 해요. 이런 문화를 88만원 세대의 '적극적 부모 활용 전략'이라고 말하는 사람도 있던데, 저로서는 수긍이 안 됩니다. 가장 진취적이어야 할 젊은 세대의 주체적인 문제 해결 능력이 이처럼 결여된 것은 지식 만능 시대의 비극이라고밖엔 생각되지 않습니다.

젊은 세대만의 문제일까요? 나이 든 세대는 나이 든 세대대로 심각한 사고 문제가 있죠. 편견, 고정관념, 과거 경험의 일반화, 이런 것은 나이 든 세대가 훨씬 심합니다. 중요한 것은 자신의 사고 습관을 스스로 반성할 줄 아는 능력입니다. 인터넷 문화의 확산과 더불어 외부에 대한 즉각적인 반응은 엄청나게 늘었지만 역설적으로 자기에 대한 성찰은

줄어들고 있습니다.

후나카와 아쓰시가 쓴 『생각의 습관에 날개를 달아라』는 현대인들이 겪고 있는 '사고의 생활습관병'을 4가지로 나눠 설명하고 있습니다.

첫째, '사고의 방기'
둘째, '사고의 의존'
셋째, '사고의 왜곡'
넷째, '사고의 편향'

'사고의 방기'란 생각하는 것 자체를 싫어하는 것입니다. "아, 머리 아파. 어떻게든 되겠지." "지금은 모르겠다. 나중에 생각하자."면서 판단을 운에 맡기거나 정보 부족을 핑계로 뒤로 미루는 것입니다. '사고의 의존'이란 남에게 판단을 떠맡기는 것입니다. "전문가가 알겠지." "저 사람이 하자는 대로 하면 책임은 안 져도 되겠지."하며 마마보이가 엄마에게 판단을 떠넘기듯 우리는 전문가와 권위자들에게 판단을 넘겨 버립니다. 다음은 '사고의 왜곡'으로, 올바른 근거에 기초하여 논리적으로 사고하는 대신 성급하게 일반화하고 억측으로 판단하는 것이지요. "지금까지 잘 되었으니 그냥 이렇게만 하자." "나보다 성적도 떨어지는 애 생각이 뭐 대단하겠어?" 끝으로 '사고의 편향'이란, 자신의 경험이나 관점에 과도하게 치우친 경직된 사고방식을 말합니다. "나보다 이 분야에 대해 잘 아는 사람은 없다." "이미 이건 상식인데 왜 자꾸 토를 달지?" 그러나 어떤 것이 '일반적인 상식'이라고 믿어 의심치 않는다는 자체가 본인의 관점에만 사로잡혀 있다는 얘깁니다.

여러분은 혹시 '맞아, 내 주변에 그런 사람이 많아.' 이렇게 생각하시나요? 하지만 그렇게 생각하는 자신이야말로 사고의 생활습관병에서 자유롭지 못한 겁니다. '나의 사고는 문제가 없다, 문제는 남들이다.'라는 생각, 그것이 사고의 편향이고 왜곡이니까요. 그 누구도 완벽하게 공정하고 객관적인 사고를 할 수는 없습니다. 우리의 사고는 반드시 조금씩 결함이 있으며 우리의 관점은 나를 중심으로 기울어져 있지요. 여성학자 정희진이 지적했듯 우리는 모두 "자신의 렌즈"를 끼고 세상을 봅니다. 좋은 사고는 그걸 인정하는 것, 자신의 렌즈를 자각하는 것에서 시작됩니다. 그래야 나는 언제나 옳다는 아집에 빠지지 않을 수 있어요. 독서는 다른 사람의 시각으로 세상을 볼 수 있게 해줌으로써 우리가 자신의 렌즈를 자각할 기회를 줍니다.

다만 안타깝게도, 책을 많이 읽는 사람들도 생각이 경직되는 경우가 종종 있습니다. 제가 대학생들과 고전 독서 모임을 할 때, 다른 참가자들과 늘 알력을 빚는 친구가 하나 있었습니다. 그 친구의 독서력은 대단했어요. 어지간해서는 읽을 엄두를 내기 힘든 하이데거의 『존재와 시간』 같은 책도 여러 권 독파했더군요. 하지만 그의 문제는 아무리 합리적인 반박을 받아도 절대로 제 주장을 꺾을 줄 모른다는 것이었습니다. "아니, 제 말을 이해 못하신 것 같은데……."라는 말을 반복하면서 벌써 여러 번 이야기한 자신의 주장을 똑같이 되풀이하는 스타일이었죠. 모임 참가자들이 그에게 지쳐하는 것 같아 제가 따로 얘기해 보았습니다.

"넌 우리 모임에 지적으로 정말 큰 도움이 돼. 하지만 네 견해를 강조하기보단 참신한 질문을 던져주는 역할을 한다면 더 큰 도움이 될 거야."

다행히 그 친구도 변하려는 노력을 했기에, 다른 친구들과 조금씩 발전적인 관계를 맺을 수 있었습니다. 그런데 그 친구와 비슷한 사람을 살면서 무척 자주 만났어요. 독서는 새로운 생각의 산파이지만, 자칫하면 이처럼 '자기 강화(self-reinforcement)'의 수단이 된다는 것을 알았습니다.

심리학에서 말하는 자기 강화란 자기 생각을 보강하는 쪽으로만 정보를 받아들인다는 것입니다. 한 마디로 믿고 싶은 것만 믿는다는 뜻이죠. 신념을 강화한다는 측면도 있습니다만, 책을 읽으며 자기 생각을 돌아보는 게 아니라 기존의 자기 생각에 가까운 정보만 무의식적으로 받아들이고 조금이라도 불편한 견해는 배척해버린다는 점에서 좋지 않습니다. 이럴 경우 읽으면 읽을수록 지적으로 성장하는 것이 아니라 평소에 갖고 있던 불완전한 식견만 점점 완고해집니다. 아이러니하죠? 독서를 할수록 더 완고해진다니요. 그래서 어떻게 독서하느냐가 중요합니다.

독서로 비판적 사고를 기르자

─── 스칼렛 요한슨과 이완 맥그리거가 출연한《아일랜드》란 영화가 있습니다. 가까운 미래의 인간 복제에 대한 SF로, 수명을 연장하고 싶은 부자들을 위해 클론, 즉 복제인간을 만들어주는 회사가 등장합니다. 예를 들어 재벌 회장 김만수 씨의 클론을 만들어 놓았다가 그가 사고를 당하여 장기가 필요하면 클론의 장기를 떼어내 이식하는 겁니다. 그런데 이 클론들은 자기가 클론인 줄을 몰라요. 회사는 그들을 제한된 거주 공간에 살게 하면서, 기억을 조작하여 자기들이 극심한 환경오염으로부터 구출된 생존자들이

라고 믿게 합니다. 때로 추첨을 통해 오염되지 않은 낙원인 '아일랜드'로 보내준다고 클론들을 속이죠. 아일랜드 행이란 바로 장기를 떼어내는 수술실을 의미하고요.

  클론들은 아일랜드 행에 당첨되길 고대하면서 회사가 제공한 아늑한 일상에 맞춰 살아갑니다. 그런데 여기에도 삐딱한 친구가 하나 있는데, 바로 주인공 링컨(이완 맥그리거)입니다. 링컨은 친구 조던(스칼렛 요한슨)에게 매일같이 불평을 합니다. "왜 베이컨을 안 주는 거지? 왜 매일 같은 색깔 옷을 입어야 하지? 왜 바깥 세상에 대해 설명을 안 해 주는 거지?" 그러면 조던은 예쁜 웃음을 지으며 말해요. "링컨, 넌 왜 그렇게 매사에 부정적이니?"

  링컨은 참 까칠합니다. 그가 까칠한 이유는 끊임없이 의문을 품기 때문이에요. 이 의문이야말로 인간다운 것인데, 친구들은 그런 그가 부정적이라고 생각합니다. 하지만 링컨은 의문을 가진 덕분에 아일랜드의 실체를 알게 되고, 탈출을 감행하여 친구들의 목숨까지 구합니다. 그는 결국에 거대한 거짓의 시스템을 무너뜨립니다.

  영화는 우리에게 비판적 사고의 중요성을 말해줍니다. 비판적 사고란 주어진 상황을 수동적으로 받아들이는 대신, '스스로 질문을 던지고 답을 찾는 사고'입니다. 비판적으로 사고하는 사람은 어떤 견해든 오류가 있을 수 있음을 인정하고, 판단을 내리기 앞서 충분한 근거를 찾아 모으며, 판단을 내린 후에도 필요하면 기꺼이 다시 생각하려고 합니다. 그래서 비판적 사고를 '반성적 사고'라고도 부릅니다.

비판적 사고라는 용어와 개념은 20세기 후반에 정리되었지만, 그 시조는 고대 철학자 소크라테스라고 할 수 있습니다. 철학(philosophy)의 의미는 '지혜에 대한 사랑'인데 소크라테스는 스스로 '지혜를 사랑하는 자'라고 불렀습니다. 그는 당대에 현명하다고 평가되는 사람들, 부자들, 시인들, 기술자들에게 찾아가서 질문했습니다. "당신은 정의가 뭐라고 생각합니까?" "당신은 아름다움이 뭔지 알고 있습니까?" "당신은 행복이 무엇이라고 여깁니까?"

만약 상대방이 행복하다고 대답하면 소크라테스는 또 묻습니다. "어째서 행복하죠? 당신이 생각하는 행복이란 뭔가요?" 가령 그가 자신은 돈이 많아서 행복하다고 하면 소크라테스는 또 이러죠. "당신의 행복이 돈에 달려 있다면, 당신은 이미 돈의 노예가 아닌가요?"

소크라테스는 수많은 질문들을 통해 사람들이 뭔가 알고 있는 척하지만 실상 아는 것이 없음을 드러내 보입니다. 당연하게도 부자들, 소피스트들, 시인들, 정치인들은 소크라테스 얼굴만 봐도 지긋지긋합니다. 반면 젊은이들은 거들먹거리기 좋아하는 '나리'들이 창피를 당하는 걸 보며 소크라테스에게 열광합니다. 그들은 소크라테스를 정신적으로는 물론 육체적으로도 사랑합니다. 당시에는 나이 든 사람과 젊은이 사이의 동성애는 보편적이었지요. 지배층은 청년들이 소크라테스를 따르자 그를 '아테네 청년들의 영혼을 타락시킨 인물'로 규정하고 사형까지 내리게 되죠.

소크라테스는 자신의 문답법을 '산파술'이라고 했습니다. 그의 어머니의 직업이 산파여서 그 영향을 받았다고도 하는데, 지혜로 향하는 깨달음을 낳게 한다는 뜻입니다. 그 사회의 지배층과는 달리, 젊은이들은 소크라테스의 이어지는 질문을 들으며 '아, 지금까지 내가 믿고 있던 것은 허상이었구나, 나는 아무것도 모르는 바보였구나.'라는 생각에 이릅니다. 이건 큰 깨달음이 아닐 수 없어요. 자신이 무지하다는 사실에서 지성이 자라니까요. 몽테뉴가 말한 것처럼, 사람이 지적으로 성장하기 위한 출발점은 '크세쥬(Que sais-je, 나는 무엇을 아는가)'라는 물음입니다. 소크라테스는 모두가 당연하다고 여기는 상식에 자꾸 질문을 던짐으로써 그 상식의 허위를 드러내고 자기 자신에게 스며 있는 고정관념을 해체합니다. 여기서 생각은 자유로워지고 창조적인 아이디어가 솟아나게 됩니다.

이처럼 비판적 사고의 요체는 '성역 없는 과감한 질문'에 있습니다. '상식'에 도전하는 겁니다. "왜 그것이 '상식'일까?" "왜 모두 당연하다고 말할까?" "왜 나는 의심없이 이것을 받아들여 왔나?" 비판적 사고 자체가 위대한 아이디어는 아니지만, 생각의 앞을 가로막았던 울타리를 넘어뜨려 위대한 생각으로 나아가는 길을 엽니다.

소크라테스는 자신을 사형시키려는 재판정에 서서 목숨을 구걸하지도, 처지를 호소하지도 않습니다. 그는 당당한 태도로 이렇게 말합니다.

> "이 사람은 신이 이 나라에 보낸 일종의 등에입니다. 이 나라는 군마처럼 거대하지만 운동이 둔하며 각성이 필요합니다. 그래서 나는 군마에 붙은 등에처럼 하루 종일 여러분을 붙잡고 각성시키고 설득하고 비난하는 것입니다."

말은 엉덩이에 붙어 자기를 쏘아대는 등에 때문에 잠들지 않고 힘차게 내달립니다. 소크라테스는 아테네의 시민들에게 반복해서 질문을 던짐으로써 국가의 영혼이 부패하지 않도록 만들고자 한 것입니다. 오늘날 우리의 사고에도 같은 원리가 필요합니다. 멈추지 않는 질문만이 사고의 부패를 막아줄 수 있습니다.

생각하는 독서는
질문하는 독서다

———— 생각하는 독서는 어려운 것이 아닙니다. 질문을 던지고, 비판적으로 생각하며, 상상력을 동원하여 책을 읽는 것입니다. 이와 반대되는 독서는 단지 주어진 정보를 받아들일 뿐인 수동적 독서, 저자의 생각을 무비판적으로 받아들이는 순응적 독서, 공감과 상상 없이 그저 첫 쪽에서 마지막 쪽까지 일직선으로 나아가는 기계적 독서입니다.

생각하는 독서란 무엇인가, 그 핵심을 정리하면 다음의 세 가지입니다.

하나, 주어진 내용에 의문을 품어라
둘, 생각을 밀고 나가 결론을 구해라
셋, 열린 마음으로 읽어라

우리는 가족들과 드라마를 보면서는 종종, "쟤네 왜 저래?" "언제 정체가 밝혀져?" 하며 툭툭 질문을 던집니다. 그러나 책을 읽을 때는 질문하기가 쉽지 않은데, 그 이유 중에 하나는 책에 독특한 권위가 있기 때문입니다. 책이라는 매체는 저자의 권위, 활자의 권위가 독자에게 큰 영향을 미칩니다. 그래서 우리는 '저자가 뭐 틀린 말 했겠어? 다 사실이고 옳은 말이겠지.' 나아가서는 '난 이 주제에 대해 아무것도 모르는데 그냥 받아들이고 써먹으면 그만이지.'라고 생각해 버립니다.

질문도 무엇을 알아야 할 수 있다는 생각, 그 생각을 버려야 합니다. 오히려 질문을 해야 생각도 할 수 있어요. 러시아 소설가 안톤 체호프는 이렇게 말했습니다. "어떤 문제에 대한 해결책을 내놓는 것과 그 문제에 올바른 질문을 하는 것은 완전히 별개의 것이다." 그리고 우리에게 더 필요한 것은 후자의 능력이다, 라고요. 질문을 던져야 책을 내 앞에 객관화할 수 있습니다. 그래야 우리는 책을 보다 잘 이해하게 됩니다.

책에 나오는 정보가 모두 정확하다고도 할 수 없고, 정보 자체는 사실이라고 해도 그 해석은 저자와 독자가 또 다를 수 있지요. 저자의 견해에도 논리적 오류가 있을 수 있으며, 그가 어떤 전제나 관점에 서 있느냐에 따라 우리의 가치 판단 역시 달라져야 합니다. 『책력』의 저자 안상헌은 이렇게 말합니다. "책에는 수많은 언어들이 도사리고 있습니다. 이 언어들은 독자의 생각을 규정짓기 위해 자신의 모든 수단을 동원해서 포위 공격을 합니다. 책이 대중적으로 높은 지지를 받고 저자의 필력이 강할수록 이런 파워는 커집니다." 주체적인 독자가 되려면 '과감하게' 질문해야 합니다.

생각을 밀고 나가 보라는 건, 사고의 방기나 사고의 의존을 깨고 '자기 생각 갖기'에 도전하라는 겁니다. 자기 생각 갖기야말로 독서의 최종 단계입니다. 탈무드에 재미있는 속담이 있어요. "어리석은 학자는 낙타와 같다. 그는 그저 책을 운반할 뿐이다." 수천 권의 책을 읽어도 그걸로 자신의 견해를 만들지 못한다면 낙타처럼 책을 지고 다닐 뿐이죠. 단순히 지식을 암기했다가 그때그때 내뱉는 것을 '재생(再生)적 사고'라고 합니다. 녹음기도 할 수 있는 일이고, 인터넷은 사람보다 훨씬 더 잘할 수 있죠.

예를 들어 여러분이 경영 혁신을 주장하는 어떤 책에서 월마트의 사례를 읽었다고 합시다. 월마트는 종업원들에게 다음과 같은 모토를 수용하게 합니다. "만일 당신이 고객에게 봉사하고 있지 않거나 그 일을 하는 사람을 도와주고 있지 않다면 우리는 당신을 필요로 하지 않습니다." 그 책을 읽은 여러분은 '야, 월마트는 철저한 효율성의 관점으로 조직을 운영하는군. 역시 세계적 기업은 달라.'라고 말할지 모릅니다. 이어 여러분이 "모든 사람을 수단이 아닌 목적으로 대하라."라는 철학자 칸트의 사상을 접했다고 합시다. 아마 그것 역시 옳은 말이라고 생각하겠지요. 그러나 월마트와 칸트는 완전히 다른 주장을 하고 있습니다. 경영 혁신의 관점에서 종업원은 주어진 임무를 수행하지 않으면 얼마든지 대체될 수 있는 도구입니다. 하지만 칸트는 인간은 도구가 아니라 그 자체로 목적이라고 하죠. 두 글을 읽고 "둘 다 좋은 말이네."하고 넘어가면 되는 걸까요?

　여기서 월마트가 옳은지 칸트가 옳은지를 따지려는 것은 아닙니다. 그러나 최소한 생각은 해야 한다는 겁니다. 두 글에서 인간을 바라보는 관점을 찾고, 그 관점이 어떻게 다른지, 어디서 충돌하는지, 하나로 조화될 수는 있는지, 예를 들어 월마트가 효율성을 높인다는 이유로 종업원들을 해고한다면 나는 그것을 어떻게 봐야하는지 등을 고민해봐야 합니다. 그래야 생각하는 힘이 길러지며 독서가 관념적 유희가 아니라 삶의 나침반이 됩니다. 이 말도 좋고 저 말도 좋네, 이런 아늑한 절충주의를 좋아하면 생각하는 힘은 더 이상 길러지지 않습니다.

　끝으로 우리의 독서에는 열린 마음이 필요합니다. 열린 마음이란 자신의 생각도 되돌아보는 태도와, 저자의 마음까지 미루어 헤아리려는 태도를 가리킵니다. 우리는 흔히 "상식적으로 말이 안 되잖아!"라고 하면서 어떤 책을 쉽게 비난하거나 트집을 잡곤 합니다. 하지만 그전에 과연 내가 알고 있는 '상식'이 사실인가, 나의 관점은 공정한가, 내 생각은 합리적인 근거가 있는가 하는 자기 점검이 먼저입니다. 그리고 저자의 주장이 얼핏 이상하게 여겨지거나 논리적으로 빈약해보여도, '이 안에는 뭔가 저자가 미처 말하지 못한 것이 있다.'는 생각으로 그 속뜻을 찾아보아야 합니다. 이렇게 최대한 상대의 입장에 서서, 상대가 생략한 근거를 보충하여 상대의 견해를 완성시켜주는 것을 논리학에서는 '자비(慈悲)의 원칙'이라고 합니다. 이런 과정에서 저자의 주장이 합리적이다, 옳다고 여겨지면 흔쾌히 그것을 받아들일 줄 알아야 합니다.

중국 전국시대(戰國時代) 때 제나라 재상이었던 맹상군의 어린 시절 이름은 '전문'이었습니다. 그의 아버지인 전영은 많은 첩을 거느렸는데 그중 한 첩이 5월 5일에 전문을 낳자 불길하다며 갖다 버리라고 합니다. 중국에서는 홀수인 5가 겹치는 날 태어난 아이는 양기가 너무 강해 장차 부모를 죽일 수 있다는 미신이 있었거든요. 그러나 전문의 어머니는 전문을 몰래 키웠고, 전문이 다섯 살이 되던 해 전영이 이 사실을 알고 불같이 화를 냅니다. 그러자 전문이 공손하게 묻습니다.
"아버님은 왜 저를 버리라고 하셨습니까?"
"사람들이 말하기를 5월 5일에 태어난 아이가 출입문에 닿을 정도로 자라면 집안과 나라에 우환이 된다고 해서다."

그러니까 전문이 또 물어요.

"사람이 태어날 때 운명을 하늘로부터 받습니까, 아니면 출입문으로부터 받습니까?"

아버지가 말문이 턱 막혔지요.

"만약 운명을 하늘에서 받는 것이라면, 아버님께서는 무엇을 걱정하십니까? 만약 운명을 출입문에서 받는다면, 문을 높이면 될 일이옵니다. 어찌 사람이 문에 맞춰 자라길 바라겠습니까?"

『사기열전』에 나오는 얘깁니다. 우리는 전문인가요, 아니면 전영인가요? 남들이 정해놓은 '상식'의 틀 안에 갇혀 지낸다면 전영에 가깝겠고, 그 상식이 과연 진실인지 집요하게 의문을 던지고 따져본다면 전문에 가까울 것입니다. 전문처럼 독서하기를 바랍니다.

3

당신의
독서를
업그레이드
하라

백성이나 나라에 도움이 되는 책이라면 반드시 문단마다 이해하고 구절마다 탐구해가면서 읽어야 하며 한낮의 졸음이나 쫓는 태도로 읽어서는 안 된다.
— 다산 정약용

'정확한 독해'가 중요한 이유

─── 2009년 경제협력개발기구(OECD) 국가들의 학생 독해 능력을 비교해봤더니 한국이 1위로 나왔습니다. 한국은 2000년대 초만 해도 하위권에 머물러 있었으므로, 드디어 한국의 독서 교육과 논술 교육이 효과를 봤다고 자찬하는 분위기였죠. 그런데 흥미로운 점이 있었습니다. '하루 30분 이하로 독서하는 학생'들 중에는 한국 학생의 독해력이 1위인데, '하루 2시간 이상 책을 읽는 학생'들 사이에서 비교하면 한국이 14위로 나오는 거예요. 이 자료를 그대로 해석하면 책을 안 읽는 한국 아이들이 많이 읽는 아이들보

다 더 독해력이 뛰어나다는 얘기가 됩니다. 이게 무슨 말일까요?

 책을 적게 읽는 학생들끼리 비교할 때 한국의 독해력이 높은 이유는, 한글의 우수성에 그 이유를 일부 돌려야 할 듯합니다. 한글은 다른 문자에 비해 적은 수의 음소로 거의 모든 소리를 적어낼 수 있는 과학적인 문자입니다. 따라서 독해 실력이 비슷하다면 한자가 많은 일본어나 같은 음소로도 여러 발음이 나오는 영어에 비해 한글이 훨씬 읽기 수월합니다. 캔자스(Kansas)에 그저 Ar을 덧붙였을 뿐인데 아칸소(Arkansas)라는 엉뚱한 발음이 되는 게 영어죠. 반면 한글은 음소와 발음이 1:1로 대응됩니다. 그리고 한글 조기교육의 영향도 클 것입니다. 제가 어릴 때에는 대개 초등학교에 가서 한글을 배웠지만, 지금은 입학 전에 대부분 한글은 떼고 들어오니까요.

 반면 상위권에서 독해력이 부진한 이유는, 우리 학생들이 고차원적인 의미의 독해에서 밀린다는 얘기입니다. 문자의 '해독(解讀)'은 되지만 글의 '독해(讀解)'가 안 된다는 말이지요. 가령 "철수가 사과를 먹었다."는 문장의 1차적 의미를 아는 것은 해독입니다. '사과'라는 단어를 알고 '먹었다'는 단어를 알면 그 의미를 이해할 수 있죠. 그러나 "철수가 사과를 먹었다."고 할 때 철수의 기분이 어땠을지 이해하려면 독해력이 필요합니다. 이야기의 전체 흐름 속에서 철수가 원래 사과를 좋아했는지 싫어했는지, 먹기 싫은데도 누가 권해서 예의상 먹은 건지 마침 목도 타고 배도 고프던 차에 사과가 생겨 속으로 환호를 지르며 먹은 건지 등등 책에 나온 여러 정보를 종합하고 미처 밝혀지지 않은 내용은 추론해서 "철수가 사과를 먹었다."의 실제 의미를 찾아내야 하는 것입니다. 즉 우리나라 학생들은 책을 읽을 때도 1차적인 해독에 머무르며 이처럼 종합, 추론, 재구성 등 심층적인 독해를 잘 하지 못한다는 얘기입니다. 물론 책을 적게 읽는 학생들은 더 말할 나위도 없을 겁니다.

이 학생들이 성인이 되면 취약한 독해력은 그대로 성인들의 문제가 됩니다. 따로 측정하지 않아서 그렇지, 제가 독서 모임을 통해 경험한 바로는 대학생이나 성인들의 독해력도 심각할 지경입니다. 이는 대학생들을 가르치는 교수들이나 독서 전문가들도 공통적으로 지적하는 점입니다. 텍스트의 핵심을 파악하지 못하고, 알아낸 정보조차 정리해서 표현할 줄 모른다는 것이지요.

한 번은 어느 독서 모임에서 『체 게바라 평전』을 읽으면서 퀴즈로 체 게바라가 어느 나라 사람이냐고 물었더니 '쿠바 사람'이라는 대답이 절반쯤 되더군요. 아르헨티나 출신이라는 사실이 나와 있음에도 말이죠. 그건 그렇다고 할 수 있습니다. 체 게바라가 왜 쿠바 혁명에 뛰어 들었는가, 그는 왜 쿠바 혁명에 성공한 다음에 다시 다른 나라의 게릴라 투쟁에 뛰어 들었는가, 이런 질문에 자신의 해석을 말하는 사람은 다섯 중 하나가 될까 말까 했습니다. 특별히 독창적인 견해를 질문한 것이 아니라 책을 읽으면 충분히 추론할 수 있는 질문인데 말이지요. 책을 읽은 후의 소감을 듣는데, 어떤 대학생이 "체 게바라처럼 나도 열심히 살아야겠다. 열심히 공부해서 토익 시험 고득점을 맞겠다."라고 하더라고요. '열심히' 한다는 것 말고 무슨 공통점이 있을까요? 억압 받는 민중을 위해 목숨 바친 혁명가의 전기를 읽고 생각한 게 토익 고득점이라니, 아무리 독서는 각자 자유롭게 하는 것이라지만 씁쓸하지 않을 수 없었습니다. 토익 시험이 나쁘다는 것이 아니라, 어쩌면 이렇게 책에서 지적 자극을 받지 못했을까 하는 생각이 들었습니다. 결국 그의 독해력 문제입니다. 그는 이 책에서 체 게바라의 삶이 의미하는 것, 작가의 주제, 의도 등에 전혀 다가가지 못한 것이지요.

책 읽기는 '정확한 독해' → '비판적 평가' → '창조적 상상'의 단계를 거칩니다. 물론 이 과정은 꼭 차례대로 진행되는 것은 아니고 독자와 독서 환경에 따라 달라집니다. 하지만 정확하고 능동적인 독해 없이 비판, 평가, 상상, 공감 같은 후속 과정이 제대로 될 수 없습니다. 독서는 일단 저자와의 커뮤니케이션이므로, 저자가 전하는 메시지를 이해해야만 생각을 이어갈 수 있겠지요. 그 메시지를 이해하지 못하거나 오독해버리면 그 뒤로는 자기만의 공상이 되기 십상입니다.

  책을 고를 때는 자유로운 직관이 필요하고 책을 읽은 다음 자유롭게 사색하는 것이 필요하지만, 독해는 정확하게 해야 합니다. 자유로운 읽기란 정확한 독해 위에 상상력을 발휘하는 것이지 '제멋대로 읽기'와는 다릅니다.

왜 독해력이 자꾸 떨어지는가?

——— 독해력이 자꾸 떨어지는 이유를 두 그룹으로 접근해서 생각해봅시다. 두 그룹은 책을 거의 안 읽는 그룹과 책을 어느 정도 읽는 그룹입니다.

  책을 안 읽는 사람들은 일단 어휘력과 배경지식이 절대적으로 모자라기 때문에 글이 조금만 어려워도 힘들어합니다. 게다가 독서 시간이 줄어들수록 상대적으로 더 크게 영향을 미치는 TV나 인터넷으로 인해 집중력이 저하되고 긴 글을 낯설어하게 됩니다. 요즘 젊은 세대 사이에 욕설 문화가 확대되는 데도 독서의 부족이 미치는 영향이 크다고 봅니다. 독서가 부족하면 타인의 감정을 읽는 능력이 떨어지고, 자기 감정을 문장으로 표현하는 것이 어려워 짧고 강한 욕설에 의존하게 되니까요.

한편 책을 어느 정도 읽는 데도 독해력이 취약하다면, 이는 우선 기계적인 독서 습관 때문이 아닐지 생각해봐야 합니다. 기계적인 독서 습관이란, 책의 첫 쪽부터 마지막 쪽까지 관성적으로 앞으로 나아가면서, 마치 컨베이어 벨트에 앉아 다가오는 제품을 포장하는 것처럼 정보를 수동적으로 받아들이는 독서 방식이지요. 그러나 독서는 직선상으로만 이뤄지는 작업이 아니라 읽다가 필요하면 앞으로 돌아가서 정보를 재확인하기도 하고, 글에 생략된 전제나 가정을 찾아보며, 글 속에 없는 결론을 추론해보고, 저자가 이 글을 쓴 의도를 따져보기도 하며, 자기 자신에게 질문하며 메모하고, 개인의 기억을 더듬기도 하는 능동적 활동입니다. 그래프로 나타낸다면, 세로축을 시간, 가로축을 책의 쪽수라고 할 때 밋밋하게 오른쪽으로 올라가는 직선이 아니라 돼지꼬리처럼 빙글빙글 나선을 그리며 올라가는 역동적인 과정입니다.

취약한 독해력의 또 다른 이유는, 선입견에 사로잡혀 책을 읽기 때문입니다. 선입견에 사로잡히면, 책 속에 아무리 첨예한 쟁점이 있고 새롭게 해석해볼 여지가 있어도 기존의 자기 생각을 재확인하는 것 이상 나아가질 못합니다. 우리 근대사에 대한 책을 읽는다고 가정해봅시다. 우리가 이미 알고 있는 사실은 20세기 초에 조선이 망했다는 것입니다. 그런데 많은 사람들은 이 사실로부터 그 앞 시대에 활약했던 조선의 모든 정치 세력이 죄다 무능하고 실패한 이들이라는 단정을 내리고 이를 무의식중에 선입견으로 받아들입니다. 이렇게 보면 19세기에 쇄국정책을 편 대원군과 위정척사파 선비들은 모두 '실패한 정치인'일 뿐 우리에게 하등 중요한 의미도 없습니다.

물론 그들의 선택과 행동이 결과적으로 국가의 발전에 도움이 되지 못했거나 해를 끼쳤을 수도 있습니다. 그러나 그들이 그런 선택에 이르기까지의 고민들도 아무 의미가 없는 걸까요? 지금 우리는 '서구화'를 무의식중에 확고한 기준으로 받아들이고 있으므로 우리의 조상들도 근대화(서구화와 같은 의미인)를 빨리 받아들였어야 했다고 말합니다. 하지만 서구화를 기준은커녕 노골적인 제국주의로 여겼던 우리 조상들은 전혀 다른 기준에 의해 행동하지 않았을까요? 선입견을 걷어내지 않으면 우리는 이런 배경과 이유에 대해 제대로 독해할 수 없을 것입니다.

선입견에 사로잡힌 독해로는 책에서 미래지향적인 교훈을 끌어내지도 못합니다. 위의 근대사를 읽으며 '근대화에 성공하지 못했으니 실패'라고 우리 역사를 평가해버린다면 결과적으로 근대화에 성공한 일본은 좋은 모델이라는 결론이 납니다. 실제로 청소년들에게 물어보면 "일본처럼 해야 했다."는 답이 대부분입니다. 하지만 일본처럼 하는 게 어떤 겁니까? 대자본과 군사력을 집중 육성해서 다른 나라를 침공하고 제국주의 국가로 떠오른 거잖아요. 그런 점을 지적하면, "그래도 망하는 것보다 낫지 않나요?"라고 답합니다. 피식민 국가가 되지 않으려면 식민 국가가 되어야 한다, 이런 것이 우리가 역사에서 얻을 수 있는 참된 교훈이라고 할 수 있나요? 그렇지는 않을 겁니다. 선입견의 색안경을 벗고 볼 때 우리는 책의 섬세한 내용까지 이해할 수 있으며 의미 있는 교훈도 얻게 됩니다.

  작년, 인문서가 출판 베스트셀러에 오르는 기적 같은 일이 벌어졌죠. 마이클 샌델의 『정의란 무엇인가』가 그 주인공이었습니다. 이 책에 대해 어떤 분이 그러시더군요. "『정의란 무엇인가』는 결국 정의는 다 상대적이다, 그러니까 서로의 정의를 인정하자, 그 말 아닌가요? 그 당연한 얘길 하느라고 뭐 그리 긴 책을 썼대?"

  이 책은 다양한 사례와 쟁점으로 정의에 대한 공리주의적 이해, 자유주의적 이해, 아리스토텔레스적 이해를 제시하고 서로 논박하는 형식을 취합니다. 우리가 그동안 추상적으로 이해해온 여러 '정의'들이 사이좋게 조화되기는커녕 모순과 긴장을 증폭시킨다는 것을 볼 수 있지요. 저자는 이 모순과 긴장의 해결책으로 아리스토텔레스적 정의 또는 공공선이라 불리는 것으로 우리를 이끌고 갑니다. 그의 논변을 찬성하느냐 반대하느냐와 별도로, 이 책의 주제는 정의가 모두 상대적이라는 해석과 거리가 멉니다. 그 분은 단지 평소에 자신에게 익숙한 관점인 '상대주의'에 쉽게 의존해 버린 것 같아요. 이것도 옳고 저것도 옳다, 진리는 없으니 그냥 서로 인정하고 살자, 사실 이것은 상대주의보다 절충주의에 가깝지요. 이런 관점은 마약처럼 사람을 편안하게 해 줍니다. 여기에 끼워 맞춰 읽으니 완전히 자의적인 해석이 나왔던 겁니다.

독해는 능동적인 피드백입니다. 책 속 여기저기 움직이며 정보를 찾아내고, 그 의미를 따지고 물어 정확한 해석에 다가가려고 해야 합니다. 그래야 숨은 진실이 모습을 드러내게 됩니다. 섣부르게 몇 가지 인상으로 책을 일반화해버리거나 자신의 선입견에 책을 끼워 맞추지 말아야 합니다. 우리는 책을 통해 저자의 마음속까지 들어가고자 노력해야 합니다.

독해력 업그레이드를 위한 3단계

──── 다음은 제가 제안하는 독해력 높이기의 단계입니다. 자신의 독해력이 약하다면 1단계부터 차근차근 익히며 나아가면 됩니다. 어느 정도 독해력이 있다고 생각한다면, 1단계에서 3단계까지 통합적으로 진행하면 되는데, 그럼에도 앞서 단계가 기본이라는 것을 잊지 마시기 바랍니다.

1단계, 글의 핵심을 파악하라
2단계, 글의 논리 구조를 이해하라
3단계, 보이지 않는 것까지 추론해서 전체 그림을 보라

1단계, 글의 핵심을 파악하라

자, 이 책을 읽었습니다. 누군가 이렇게 묻는다고 합시다. "그 책은 어떤 책이요? 한 마디로 요약해보시오!" 이런 질문에 대해, 그 책은 참 재밌다, 유익하다, 좋다 등등의 감상을 늘어놓거나 사소한 에피소드를 말하는 것은 좋은 요약이 아닐 겁니다. "이 책은 이러저러한 책이다!"라고 말하려면, 저자가 전달하려는 이야기 또는 메시지의 뼈대를 이해하여

명료하게 정리해야 할 것입니다. 내용의 뼈대를 파악하는 것, 그것이 바로 독해의 1단계입니다.

독해에 대한 오해 중 하나는, 많은 정보를 기억하는 것이 좋다는 생각이지요. 그래서 사소한 정보 하나하나까지 외우려고 드는 사람이 있습니다만, 그건 가능하지도 않고 크게 의미도 없습니다. 가령 '흥부와 놀부'에서 흥부 자식이 몇 명인지, 박에서 비단이 먼저 나왔는지 쌀이 먼저 나왔는지는 그다지 중요한 게 아니죠. 어떤 책이냐니까 "어…… 흥부가 있고 놀부가 있는데…… 제비도 있고…… 그러니까 박씨가……"하며 횡설수설하면 곤란하겠지요. "흥부와 놀부는 말이지요, 착한 흥부는 제비 다리를 고쳐준 다음 큰 복을 받고 욕심 많은 놀부는 일부러 제비 다리를 부러뜨렸다가 큰 벌을 받는 이야기입니다. 사람은 누구나 자기 행동에 따른 인과응보를 받게 된다는 것이지요."라고 말할 수 있어야 합니다.

그렇다면 파악해야 할 핵심이 무엇일까요? 문학이라면 주요 인물, 이야기의 큰 줄기, 주제이지요. 설명문과 논설문이라면 핵심 이슈, 핵심 개념, 그리고 결론입니다. 그런데 더 간단히 말하면 이렇게도 말할 수 있습니다. '문제'와 '답'이지요. 모든 책은 문제와 그에 대한 답으로 구성된다고 하겠습니다.

소설이라면 인물이 처한 갈등 상황이 있습니다. 그것이 바로 문제입니다. 그리고 그 인물이 최종적으로 선택하는 것이 바로 답이지요. 톨스토이의 『안나 카레니나』에서 안나는 애정 없고 가식으로 가득한 상류사회의 결혼제도 속에 신음합니다. 그것이 그녀가 처한 문제라면, 기차 바퀴 앞에 몸을 던지는 것은 그녀가 택한 답입니다. 플라톤의 『국가』에서 저자는 소크라테스의 입을 빌려 "이상적인 국가는 어떤 국가인가?"라는 문제를 제기합니다. 그 다음 철학자 왕이 통치하고 수호계급(군인)과 생산계급(장인)이 그 아래에서 맡은 소임을 다하는 것이 이상국가라고 답하고 있습니다. 말콤 글래드웰의 『아웃라이어』는 "성공의 조건은 무엇인가?"라고 문제를 던지고, "그것은 개인의 천재성에 달린 것이 아니라, 사회 문화적 환경과 '1만 시간의 노력'"이라고 답하고 있습니다. 어떤 문제를 제기하고 뭐라고 답하고 있는가, 이 맥락에서 읽으면 책의 핵심이 보입니다.

또한 사람들 앞에서 이 책을 요약, 설명할 거라고 가정하고 읽어보세요. 사람들이 여러분에게 질문을 할 것입니다. "이 책은 무엇에 대한 책인가?"하고 묻겠지요. 독서법에 대한 책인지, 인간관계에 대한 책인지, 정치 개혁에 대한 책인지부터 우리는 파악해야 합니다. 문학이라면 미래 사회에 대한 책인지, 살인 사건에 대한 책인지, 남녀의 사랑에 대한 책인지 알아야겠지요. 이어 사람들은 "저자는 뭐라고 말하는가? 저자의 주장은 무엇인가?"라고 물을 겁니다. 결론이 뭐냐는 것이지요. 책을 많이 읽자든가, 인간관계에 유머가 중요하다든가, 외국의 선거제도를 도입하자든가 하는 결론이 있겠지요. 또 사람들은 "꼭 알아야 하는 개념은 무엇인가?"라고도 질문할 것입니다. 책을 이해하는 데 있어 필수 개념이 책마다 있습니다. 문학이라면 "어떤 이야기인가?"라고 물을 겁니다. 서로 적대적인 가문의 남녀가 사랑을 쟁취하는 이야기라든가, 우리의 영웅이 미래 디스토피아의 지배자와 맞서 승리를 거둔다든가 하고 답할 수 있습니다. 남에게 이야기한다고 가정하고 읽으면 언제든 독해에 도움이 됩니다.

긴 책을 읽을 때는 핵심을 파악하는 것이 쉽지 않습니다. 개념과 정보도 무수하게 많고, 작은 주장들이 여러 개 모여 큰 주장을 이루고 있으며, 이야기도 길고 복잡하니까 말입니다. 그래서 펜을 들고 밑줄 치고 표시를 해가면서 읽어야 합니다.

독서는 흐르는 물속에 들어가 고기를 잡는 것과 같습니다. 작은 고기는 물과 함께 흘려보내면서 흐름을 파악하고, 최종적으로 대어를 잡아내야 하는 거죠. 만약 필요한 정보를 놓쳤다면 다시 돌아가서 확인하면 됩니다. 무엇이 더 중요하고 덜 중요한지는 독서를 하다보면 감각을 익히게 됩니다.

2단계, 글의 논리 구조를 이해하라

글은 단편적인 정보나 주장들이 무관하게 나열된 것이 아니라 저자가 의도적으로 짠 논리적 구조물입니다. 설득력이 강한 글일수록 논리 구조가 치밀합니다. 글을 읽을 때도 논리 구조를 잘 파악할수록 저자의 궁극적인 생각에 가까이 다가갈 수 있고, 문제가 있는 글은 어디가 문제인지 찾아낼 수 있습니다.

글의 논리 구조 파악은 크게 '인과 관계 파악하기'와 '전제와 결론 파악하기'로 나뉩니다. 저자가 어떤 사건이나 현상을 설명할 때 여러 원인을 제시하고 그래서 이런 결과가 나왔다고 말합니다. 인과 관계를 제시하는 것이지요. 예컨대 『아웃라이어』란 책에서 저자 말콤 글래드웰은 1997년 대한민국 항공기의 괌 추락 사건을 설명하면서, 당시 기장과 부기장 사이에 대화가 불통이었던 것이 참사의 원인이라고 말합니다. 그런데 더 자세히 읽으면 저자는 위계질서가 강한 한국적 문화로 인해 이 긴급한 상황에서도 부기장이 감히 기장의 판단에 문제 제기를 하지 못했다고 말합니다.

이런 인과 관계를 찾아내면 저자의 분석에 고개를 끄덕일 수도 있고 '그게 과연 주된 원인일까?' 하고 의문을 제기할 수도 있겠지요.

전제로부터 결론을 도출하는 방법에 따라 연역 논리와 귀납 논리가 나뉩니다. 귀납 논리는 사례를 제시하고 그것을 전제로 하여 일반적인 결론을 이끌어내는 것입니다. 『아웃라이어』의 쾀 사건 사례로부터 글래드웰은 "한 사회의 문화유산이야말로 개인과 사회의 운명을 결정짓는 중요한 요소다."라는 주장을 제시합니다. 통찰력이 있는 저자일수록 보통 사람들이라면 별 생각 없이 넘길 법한 사례로부터 매우 수준 높은 교훈을 끌어내곤 합니다. 그런데 아무리 각각의 사례가 흥미롭다 해도 거기서 저자가 꼭 타당한 결론을 끌어내는 것은 아닙니다.

자기계발 분야의 베스트셀러였던 어떤 책은 "목표를 생생하게 상상하기만 해도 목표가 이루어진다."고 주장합니다. 저자는 그 결론을 도출하기 위해 자기가 갖고 싶은 물건을 벽에 붙여 놓고 매일 쳐다보았더니 실제로 물건을 가지게 된 사례라든가(심지어 돈의 액수마저도 정확하게!), 이루고 싶은 목표를 하루에 몇 번씩 글로 썼더니 실제로 목표를 이루었다는 사례들을 방대하게 수집해서 제시합니다. 그러나 이는 타당한 귀납 논리가 아닙니다. 목표를 이룬 사람에게는 근면성이나 의지, 문화적 배경과 같은 보다 중요한 특징이 있었을 것이고, 부수적으로 늘 자기 목표를 상상하는 습관도 있었을 것입니다. 이것을 '상상하는 습관'을 들이기만 해도 목표를 이룰 수 있다고 일반화하는 것은 오류입니다. 성공한 사람에겐 상상하는 습관도 있더라는 것과 상상하는 습관이 있으면 성공한다는 것은 전혀 다른 말입니다. 상관관계를 인과 관계로 착각한 것이지요. 논리 구조를 따져보는 독자여야 이런 오류에 빠지지 않습니다.

연역 논리는 우선 어떤 전제를 일반적인 진리로 제시하고 거기서부터 구체적인 결론을 도출하는 것입니다. 그런데 어떤 글은 논리적으로 문제가 없어 보이는데 결론을 받아들이기가 찜찜할 때가 있습니다. 그때에는 아무리 그럴듯한 견해라도 의심해야 합니다. 설령 아리스토텔레스 같은 현인의 말이라도 말이죠.

"의사는 의사에 의하여 평가되어야 하는 것처럼, 사람은 일반적으로 동등한 사람에 의해 평가되어야 한다. 예를 들면 기하학자는 기하학자에 대해서만, 물길 안내인은 물길 안내인에 대해서만 올바르게 평가할 수 있다. 장관을 뽑거나 그들에게 책임을 묻는 것도 마찬가지다. 따라서 그 일을 다수에게 맡겨서는 안 된다."

언뜻 그럴듯한 주장입니다. 논리적으로는 자연스러운 것 같습니다. 하지만 "의사만이 의사를 평가할 수 있고 물길 안내인만이 물길 안내인을 평가할 수 있다."는 전제를 꼼꼼히 따져봅시다. 과연 수긍할 수 있나요? 물론 의사 자격시험의 채점자는 일반인이 아니라 의사여야 할 것입니다. 하지만 의사의 처방이 효과가 있었는지 의사가 친절한지는 환자도 평가할 수 있습니다. 아리스토텔레스는 '평가'의 정의를 슬쩍 뒤틀어 '영향을 받는 사람의 일반적인 평가'가 아니라 '직무 능력에 대한 전문적 평가'로 재정의 해버렸습니다. 이런 것은 '은밀한 재정의의 오류'이지요. 자신에게 영향을 주는 사람들을 일반인도 평가를 할 수 있다면, 정치로 사회에 영향을 주는 장관도 일반인들이 당연히 뽑을 수 있어야 합니다.

그렇다면 전제와 결론의 관계를 어떻게 해야 잘 파악할 수 있을까요? 접속어와 지시어를 잘 활용하는 것이 요령입니다. 접속어나 지시어들을 '담화 표지'라고도 합니다. 전제를 가리키는 표지로는 '왜냐하면', '그 이유로는', '~이기 때문이다', '첫째, …… 둘째,' '~를 보면 알 수 있다' 등이 있습니다. 이런 표지가 나오면 '흠, 저자가 방금 한 말의 근거나 이유를 대려고 하는구나.' 하고 생각하면 됩니다. 결론을 가리키는 표지들은 '따라서', '그러므로', '결국',

'결론적으로', '이에 따라', '사실', '~임을 보여준다' 등이 있습니다. 글을 읽다가 '따라서'가 나오면 긴장해야 합니다. 그 뒤는 대개 중요한 말이 나오기 때문이지요. '이 글 제법 난해한걸, 감이 안 잡혀.' 싶으면, 펜을 들고 접속어, 지시어에 동그라미를 치고 그 앞뒤 문장을 유심히 보면서 읽는 게 좋습니다. 그러면 추상적인 덩어리였던 글이 하나의 유기적인 구조물로 보입니다.

다만 이런 표지가 언제나 나오는 것은 아니고, 생략된 경우도 많습니다. 이때는 어떻게 하느냐고요? '행간'을 읽어야 합니다. 문장 사이에 있을 만한 표지를 상상하면서 독해하는 거죠. 문장과 문장 사이에 적절한 접속어나 지시어를 떠올리면서 전제와 결론을 찾아가야 합니다. '그러므로'나 '왜냐하면'을 적절히 넣어 주면서 읽자는 것이죠. 이 역시 독서가 숙달되면 자연스럽게 가능해집니다.

너무 어렵다, 어떻게 이런 걸 다 하면서 글을 읽느냐? 이렇게 물으실지도 모르겠네요. 맞습니다. 처음에는 이런 책 읽기가 너무 딱딱해 보입니다. 하지만 조금만 숙달되면 글이 훤히 들여다보이면서 그 안에 짜여 있는 질서를 알게 됩니다. "아, 바로 그런 의미였구나! 그래서 그렇게 말했구나!"하는 심오한 이해에 이르면서 지적 쾌감을 느끼게 되지요. 논리 구조를 이해하라고 했지만, 사실 이 단계에 이르면 특별히 신경 쓰지 않아도 글을 '느끼게' 됩니다.

조셉 윌리엄스의 『논증의 탄생』에는 이와 관련된 얘기가 있습니다. 의대생들에게 엑스선 사진을 보고 폐암 징후를 찾아내라는 과제를 주었답니다. 그런데 신입생 때는 곧잘 징후를 찾아내던 학생들이, 학년이 올라가며 더 많은 걸 배우게 되니까 도리어 잘 찾아내지를 못하게 되더랍니다. 그러나 학년이 더 올라가자 다시 징후를 찾아내게 되는데, 거기다 덧붙여 훌륭한 진단까지 내리더라는 겁니다.

의대 신입생들은 처음엔 찾으라는 것만 찾았습니다. 숨은그림 찾기 하듯 그것의 의미가 뭔지도 모르고 찾기만 한 거죠. 그러나 신체 기관의 관계에 대한 지식이 조금씩 쌓이자 지식들끼리 충돌하면서 그들을 혼란에 빠뜨린 겁니다. 그러나 완전히 배우고 나자 그들은 내적 관계를 꿰뚫어보고 의미를 해석하는 전문가가 되었습니다. 글을 읽고 쓰는 방법을 배우는 것도 처음엔 어렵고 심지어 혼란을 주지만, 결국엔 우리를 전문가로 만들어준다는 겁니다.

3단계, 보이지 않는 것까지 추론해서 전체 그림을 보라

이것이 독해의 완성, 심층적 독해라고 할 수 있습니다. "보이지 않는 것을 보라니, 그게 무슨 소리냐?" 이렇게 물으시겠죠? 하지만 글을 읽는 것은 빙산을 보는 것과 비슷해서, 보이는 것보다 보이지 않는 것들이 훨씬 많습니다.

활자로 표현된 부분은 글에서 빙산의 일각입니다. 수면 위 부분에 불과하죠. 수면 아래에는 훨씬 커다란 덩어리가 숨어 있습니다. 우리는 글의 보이지 않는 덩어리인 '숨은 전제', '함축적인 의미', '저자의 의도와 관점', '글의 맥락' 등을 읽어내야 합니다. 빙산의 수면 아래 덩어리가 수면 위 부분을 떠받치듯이, 글의 보이지 않는 부분이 글의 논리, 의미, 서술 방식, 독자에게 미치는 효과 등을 상당히 결정합니다. 여기까지 읽어낸다면 글의 진면목을 전체적으로 파악할 수 있는 것입니다.

글 속에 숨은 부분이 어째서 중요한지 설명하기 위해 이야기 하나를 예로 들어보겠습니다. 철수, 길수, 만수 3형제가 함께 등산을 갔습니다. 그런데 막내인 만수가 그만 암벽에서 떨어져 크게 부상을 입고 말았지요. 둘째인 길수가 얼른 병원에 데려가자고 큰형 철수에게 도움을 청하니까, 철수가 이렇게 말했습니다.

"만수는 죽든지 살든지 할 거야. 만약 죽는다면 병원에 데려가 봐야 죽을 테니 굳이 데려갈 필요 없지. 만약 산다면 병원에 데려가지 않아도 살 테니 역시 데려갈 필요 없다. 그러니 결국 병원에는 안 가도 된다."

길수는 말도 안 되는 소리라고 생각했지만 딱히 반박할 말이 생각나지 않았습니다. 철수의 말은 옳은가요?

당연히 아니지요. 철수의 말에는 하나의 숨은 전제가 있습니다. 즉 "만수가 죽고 사는 것은 정해져 있고 우리는 그것을 바꿀 수 없다."라는 전제이지요. 만약 이 전제가 참이고 만수가 살기로 정해져 있다면, 만수는 63빌딩에서 떨어져도 살아날 겁니다. 또 죽기로 정해져 있다면 집에 가만히 있다가도 죽게 되겠지요. 하지만 이 전제는 옳지 않습니다. 만수는 지금 형제들이 돕는다면 살 수 있고 그렇지 않다면 죽을 수 있는 가변적인 상태입니다. 따라서 형제들의 도움이 시급히 필요한 거고요. 길수가 형 철수의 말을 제대로 비판하기 위해서는 이처럼 숨은 전제를 찾아내야 합니다.

함축은 어떤 명제나 개념 속에 숨겨진 의미입니다. 제나라 경공이 공자에게 어떻게 해야 정치를 잘할 수 있냐고 묻자 공자가 이렇게 말하지요. "임금은 임금답게, 신하는 신하답게, 아비는 아비답게, 자식은 자식답게!" 읽을 땐 뭐 이리 뻔한 소리가 있나 싶어도 곱씹을수록 진한 맛이 나옵니다. 자아의 이상에 자아의 현실을 맞춰가야지 반대로 현실에 이상을 자꾸 타협해선 발전할 수 없다, 이런 심오한 의미가 있기 때문입니다. 깊이가 있는 글, 특히 문학적인 글은 함축을 읽어주지 않으면 그 의미를 거의 놓치고 맙니다.

저자의 의도란 저자가 이 글을 쓰게 된 이유이고, 관점이란 저자가 사물과 현상을 보는 렌즈입니다. 의도와 관점은 글의 주제는 물론 구성 방식이나 채택한 사례에까지 반영되어 있지요. 의도와 관점을 이해한다는 말은 독해가 '저자의 글'을 넘어 '저자의 마음'에까지 이른다는 말입니다. 아무리 글이 미사여구로 장식되어 있고 교묘한 논리를 구사하더라도 그 의도가 올바르지 못하고 관점이 편협하다면 받아들일 수 없을 겁니다. "우리나라가 오랫동안 참다운 학문을 숭상해왔는데 이 학문이 사라질까 두렵나이다." 참 중후하고 격조 있어 보이지만, 최만리의 이 글은 결국 훈민정음 반포를 저지하려는 의도와 극단적 사대주의의 관점에 서 있기에 받아들이기 힘듭니다. 한편 저자의 의도에 공감이 간다면 글에 약간의 논리적 약점이 있더라도 큰 흠이 되지 않을 수 있습니다.

끝으로 맥락을 이해한다는 것은, 책을 사회 문화적 텍스트로 읽는다는 겁니다. 이 책은 우리 시대에 어떤 의미를 지니는지, 이 책은 어떤 사상이나 실천의 전통에 놓여 있는지 물으면서 책을 통해 사회와 문화를 함께 이해하는 것입니다. 특히 고전을 읽을 때는 그 시대의 맥락을 생각하며 읽어야 합니다. 예컨대 마키아벨리의 『군주론』을 읽을 때, 16세기 이탈리아의 상황을 무시해버린다면, 자칫 이 책을 야만적인 군주 시대의 유물이나 아니면 냉혹한 정치 술수를 강조하는 처세서로 평가해버릴 수도 있겠지요. 하지만 교회의 영향력이 약해지면서 소규모 국가들의 분쟁이 끊이지 않고 민중들은 전란에 신음했던 그 당시의 맥락을 고려한다면, 이 책을 종교나 초월적 윤리로부터 현실 정치를 구분함으로써 민중의 삶을 개선하려 한 시도로 볼 수도 있을 것입니다.

이처럼 숨은 전제, 함축, 의도와 관점, 맥락 등 보이지 않는 것까지 추론해가며 읽을 때 우리는 글을 총체적으로 파악하게 됩니다.

전차의 딜레마 깊이 읽기

─────── 마이클 샌델의 『정의란 무엇인가』에 나오는 유명한 '전차의 딜레마'로 예를 들어볼게요. 원래 이 딜레마는 하버드대학교의 인지심리학자 마크 하우저가 고안한 것입니다. 전차가 레일 위를 달리고 있는데 그만 브레이크가 고장이 났습니다. 그런데 저 앞에 인부 다섯 명이 전차가 오

는 것도 모르고 일을 하고 있습니다. 전차가 그대로 달린다면 다섯 명은 죽고 맙니다. 그런데 전차 기관사는 브레이크를 걸 수는 없지만 옆의 다른 레일로 차를 돌릴 수는 있어요. 그러나 다른 레일에도 한 명의 인부가 일을 하고 있습니다. 기관사는 선택의 딜레마에 처하게 됩니다. 계속 달리면 다섯 명이 죽고, 옆 레일로 가면 한 명이 죽습니다. 어떻게 해야 하느냐, 이것이 첫 번째 딜레마입니다.

이어 샌델은 유사해 보이지만 사실 큰 차이가 있는 예를 하나 더 듭니다. 전차가 다섯 명의 인부를 향해 달려오는데, 내가 육교 위에서 그 현장을 지켜보고 있습니다. 나는 발만 동동 구르지만 전차를 멈출 방법이 없어요. 그런데 옆을 보니 거구의 사나이가 서 있는 겁니다. 그를 밀어 레일로 떨어뜨리면 전차를 멈출 수 있습니다. 내가 뛰어들 수도 있겠지만, 내 몸무게로는 효과가 없다고 가정합니다. 첫 번째 딜레마와 마찬가지로 한 명의 목숨을 희생하면 다섯 명을 구할 수 있습니다. 어떻게 할까요?

샌델의 강의 동영상을 보니 첫 번째 딜레마에서 전차를 옆 레일로 돌린다는 쪽에 많은 학생들이 손을 들더군요. 한 명이 희생되는 것은 안타깝지만 그래도 다섯 명의 생명을 구해야 한다는 것에 별 망설임이 없었습니다. 그런데 두 번째 딜레마에는 쉽게 답하지 못하더군요. 희생되는 사람과

구할 수 있는 사람의 숫자로는 다르지 않은데 말입니다. 제가 시험 삼아 몇 사람에게 물어봤더니 하버드대학교 학생들과 별 다르지 않은 반응을 보였습니다. 첫 번째 딜레마에서는 핸들을 돌리는 쪽을 택했고, 두 번째 딜레마에서는 곤혹스러워했지요. 딱 한 사람, 제 아들 녀석만 남다른 답을 했죠. "철로를 지날 때는 기차가 오나 안 오나 잘 봐야 해요."라고요.

제가 말하고 싶은 것은 딜레마의 답이 아닙니다. 저자도 자신의 생각을 말하지 않죠. 이 딜레마가 무엇을 함축하는가? 저자는 왜 이 딜레마를 제시했는가, 그것도 책의 맨 앞에? 이것이 궁금한 겁니다.

이 딜레마의 핵심은 한 명을 희생해서 다섯 명을 구하는 것이 옳은가 그른가에 있지 않습니다. 핵심은, 전차 핸들을 돌려 한 사람을 희생시키는 것은 상대적으로 쉬운데 어째서 손으로 사람을 미는 것은 고통스러운 결정인가 하는 겁니다.

그 이유는 우리가 무엇을 수단으로 삼느냐에 따라 도덕적 판단이 달라지기 때문입니다. 첫 번째 딜레마에서는 전차의 핸들이 수단입니다. 옆 레일의 인부가 죽은 것은 결과적으로 안타까운 일이지만 우리가 그를 직접 수단으로 사용한 것은 아니에요. 그러나 두 번째 딜레마에서 우리는 거구의 남자를 직접 수단으로 사용합니다. 즉 이 딜레마가 함축하는 것은, 인간을 수단으로 쓰느냐 아니냐 하는 문제가 결과의 양적 비교보다 우리의 결정에 더 큰 영향을 미친다는 겁니다. 이 딜레마를 고안한 마크 하우저는 이 사고 실험의 결과를 근거로 우리에겐 본성적으로 타고난 도덕 감정이 있음을 설명하려고 했던 거예요.

여기서 우리는 마이클 샌델의 의도를 알 수 있습니다. 그는 공리주의의 정의, 자유주의의 정의를 반박하면서 결론적으로 아리스토텔레스의 목적론적인 정의를 옹호합니다. 그는 도덕의 추구는 우리의 본성이며 정의는 "그러한 도덕을 키우고 공공선을 고민해야" 한다고 주장하죠. 그러한 논변으로 이끌고 가기 위해 두 딜레마는 아주 효과적인 장치입니다. 첫 번째 딜레마 상황에서는 모든 개인에겐 자기 결정권이 있다는 자유주의는 완전히 무력하죠. 어떤 선택이든 희생이 따르고 마니까요. 그리고 하나보다 다섯의 목숨이 더 중요하다는 공리주의는 두 번째 딜레마를 넘지 못합니다. 이 딜레마들은 이처럼 두 정의론의 한계를 확인시켜 줍니다. 이렇게 보이지 않는 것들까지 찾아서 읽는 것이 심층적인 독해입니다.

"책은 읽었는데 남는 게 하나도 없네." 이런 말은 하지 마시기를. 책이 아니라 독해력이 허약한 것이니까요. 독해력 1단계를 거치면 "이 책이 무슨 책이다."라는 답을 또렷하게 할 수 있고, 2단계를 거치면 "저자의 주장은 이런데, 그 근거는 이러이러하다."라고 할 수 있으며, 3단계에 이르면 "이 책은 이런 심오한 의미가 있다."라고 할 수 있습니다. 헤르만 헤세는 말했습니다. "오늘날 읽기는 누구나 다 배우지만, 얼마나 강력한 보물을 손에 넣었는지를 진정으로 깨닫는 이는 소수에 불과하다."

처음엔 다독을, 점점 정독을 늘리자

─────── 독해력 향상에 왕도는 없습니다. 열심히 책을 읽는 것 외에는 말이지요. 그런데 무작정 다독한다고 고급 독해력이 길러지는 것은 아니고, 독서 초보자가 무조건 어려운 고전을 붙잡는다고 좋은 것도 아닙니다.

독서 초보자들은 어휘력과 배경지식이 부족합니다. 이때는 쉬운 책을 다양하게 많이 읽는 것이 좋습니다. 자기 수준에 맞지 않는 책을 파겠다고 고집부리다가 오히려 독서의 흥미를 잃게 되고, 또 억지로 다 읽는다고 무슨 큰 효과가 있는 것도 아닙니다. 그건 고역에 불과하죠. 높은 산에 도전하고 싶으면 동네 뒷산부터 꾸준히 오르며 경험을 쌓아야 하는 것처럼, 책도 쉽고 재미있는 것부터 많이 읽으며 정신적 체력과 자신감을 길러야 합니다. 손 가는 대로 읽는 것은 좋지만, 이때에는 가능하면 여러 분야를 읽도록 합시다. 뇌의 정보 네트워크를 구축하는 과정이니까요.

이때 다독하고 빨리 읽는 것은 좋으나, 독해력 1단계에서 요구하는 것처럼 그 책을 요약하여 핵심을 말할 수 있어야 합니다. 이 과정 없이 읽으면 권수가 늘어도 큰 효과를 보기 어렵습니다. 읽은 다음 꼭 독서 노트를 쓰거나 인터넷에 짧은 리뷰를 올리면서 책을 요약정리하는 습관을 들입시다.

어느 정도 독서량이 채워졌다고 생각되면 이제 정독으로 넘어갑니다. 보다 두껍고 난해한 책, 인문고전, 사회과학, 과학서 같은 책을 붙잡아 통독하면서, 독해력 2, 3단계에서 요구하는 내용의 논리적•구조적 이해, 심층적인 이해에 도전해보세요. 읽은 후엔 시간이 걸리더라도 꼭 내용을 꼼꼼히 정리해봅시다. 자신의 해석이나 새로운 논점을 덧붙이면서 사실상 다시 읽는 겁니다. 어려운 책은 후속 작업이 없으면 금세 기억에서 휘발되고 말기 때문에 이 과정이 더욱 중요합니다.

이후부터는 '정독'과 '다독'을 적절한 비율로 맞춰 읽기 바랍니다. 가령 한 달에 대여섯 권을 읽는다면 그중 한두 권은 천천히 시간을 들여 정독하는 책으로, 서너 권은 상대적으로 빨리 읽을 수 있는 가벼운 책으로 고릅니다. 가벼운 책만 골라서도 안 되지만 무조건 정독만 하는 것도 힘들고 재미없지요. 만찬도 즐기지만 삼각김밥이나 햄버거도 가끔 먹어주는 거라고 할까요. 지적 긴장의 완급을 잘 조절하는 것, 독서의 깊이와 폭을 자유롭게 오가는 것, 서로 영역이 다른 지식들을 연결하고 융합하며 읽는 것도 평생 독서의 요령입니다.

4

소크라테스처럼 읽어라

> 단순히 정보 처리 속도를 높이는 것이 목적이라면 독서는 무의미하다. 주체적으로 생각하는 힘을 기르는 것, 이것이야말로 독서의 본래 목적이다.
> ― 히라노 게이치로

이성의 눈을 깨우는 소크라테스식 문답법

───── 플라톤의 『국가』를 보면 소크라테스가 트라시마코스라는 똑똑하고 야심만만한 청년과 만나 논쟁하는 장면이 있습니다. 여기서 소크라테스는 '정의란 무엇인가'에 대해 사람들과 이야기하고 있었는데, 평소 소크라테스의 문답법을 탐탁지 않게 여기던 트라시마코스가 참을 수 없다는 듯 끼어들며 말합니다.

트라시마코스: 정의란 다른 게 아니라 "강자의 이익"일 뿐입니다.

소크라테스: 강자의 이익이라고 한다면, 격투기 선수인 폴리다마스가 우리보다 더 강하니 그에게 이득이 되는 소고기가 바로 정의겠구만.
트라시마코스: 아니 이 선생님이!

한 차례 농담으로 워밍업을 한 소크라테스는 다시 대화를 이어갑니다.

트라시마코스: 그게 아닙니다! 강자란 정권을 잡은 통치자를 말합니다.
소크라테스: 오. 내가 잘못 알아들었네. 미안하이. 그렇다면 자네는 국민들이 통치자에게 복종하는 것 역시 정의라고 생각하겠군.
트라시마코스: 당연하지요. 세상의 정의란 통치자들이 자신들의 이익을 위해 만든 법에 국민들이 복종하는 것이 아니고 무엇이겠습니까?
소크라테스: 그 통치자들은 전혀 실수를 하지 않는 사람들인가? 아니면 어떤 점에서는 실수를 할 수도 있는 사람들인가?
트라시마코스: 어떤 점에서 실수를 할 수 있는 사람들임에 틀림없죠.

소크라테스: 그렇다면 통치자들은 실수로 자기 이익을 해치는 법을 만들 수도 있겠군.
트라시마코스: 그렇겠죠.
소크라테스: 통치자들이 만든 법에 국민들이 따라야 한다면, 실수로 만든 법이라 할지라도 마찬가지겠지?
트라시마코스: 당연합니다.
소크라테스: 통치자들이 실수로 만든 법을 국민들이 따르는 것이 정의라면, "정의는 강자의 이익"이라는 자네의 주장은 어찌되는가? 강자에게 이익은커녕 해가 되지 않는가?
트라시마코스: …….

의기양양하던 트라시마코스는 그만 말문이 막혀버립니다. 소크라테스의 질문에 대답하다보니, 자기가 처음 주장했던 말을 스스로 부정하는 결과가 나온 것이지요. 이처럼 소크라테스의 문답법은 잠들어 있던 이성의 눈을 깨워 사물을 새롭게 보게 합니다. 역사에 이름을 남긴 천재들은 공통적으로 소크라테스의 방식을 자기 것으로 받아들였습니다.

질문이
창조를 만든다

────── 인류 역사상 가장 호기심이 많았던 인간으로 불린 레오나르도 다 빈치. 그는 과학, 건축, 군사, 회화, 조각, 해부학 등 수많은 분야에 아이디어를 쏟아냈으며 위대한 성취를 남겼습니다. 〈모나리자〉, 〈최후의 만찬〉, 〈비트루비우스의 인체도〉, 글라이더, 기중기 심지어 스파게티 뽑는 기계까지도 그가 남긴 유산이지요. 그의 창조적 작업은 단지 책상에 앉아 열심히 일했던 결과는 아닙니다. 그는 틈만 나면 시골길을 거닐면서 자연을 관찰하고 질문을 던지길 좋아했습니다. 그리고 그 수많은 질문을 자신의 노트에 빽빽하게 적고 생각을 덧붙여갔습니다.

"인간이라는 한 종류가 형성하는 행위만 해도 얼마나 많으며 다양한가? 세상에는 얼마나 많은 종류의 동물이 있으며 또 나무와 꽃이 있는가? 그리고 얼마나 다양한 언덕과 평지가 있으며, 샘과 강, 도시, 공공건물과 개인건물이 있는가? 또 인간이 쓰기에 적절한 도구는 얼마나 다양한가?

내가 이해하지 못하는 것들에 대한 해답을 찾으면서 시골길을 거닐었다. 어째서 흔히 바다에서 발견되는 산호초와 식물과 해초의 흔적 그리고 조개껍데기가 산꼭대기에서도 발견되는 걸까? 왜 천둥은 그것을 일으키는 시간보다 여운이 더 오래 지속될까? 그리고 번개가 치면 어째서 천둥이 그 뒤를 따라 이어지는 걸까? 돌이 떨어진 수면 위로 생기는 원은 얼마나 다양하며 새는 어떻게 공중에서 버티고 있을 수 있을까? 이런 이상한 현상들에 대한 질문이 평생토록 내 생각 속에 자리 잡고 있었다."

― 레오나르도 다 빈치가 남긴 노트

하늘이 파랗다는 걸 모르는 사람은 없지만, 왜 파란지 의문을 제기하고 빛의 산란을 그 원인으로 밝혀낸 사람은 18세기의 물리학자 존 틴달이었습니다. 망치질은 누구나 하지만 왜 물체의 길이에 따라 음의 높낮이가 다를까 궁금하게 여긴 사람은 피타고라스가 처음이었습니다. 아인슈타인은 "내가 우주를 날아다니는 광자(光子)라면 무엇을 보게 될까?" 하는 질문으로부터 상대성 이론을 생각하게 됩니다. 세계지도는 누구나 들여다보지만 알프레드 베게너만이 "어째서 남아메리카 지도와 아프리카 지도는 그림조각 맞추기처럼 들어맞을까?"라는 질문을 던졌지요. 누구나 사과가 떨어지는 것을 보지만 아이작 뉴턴은 "지구에는 사과를 잡아당기는 힘이 있는 것이 아닐까? 만약 그렇다면 천체와 천체 사이에도 그 힘이 있을지 모른다."하는 독특한 의문을 품었습니다. 춘추전국시대 중국에 살았던 노반이란 사람은 어느 날 산길을 걷다가 풀에 손등을 베였는데, 짜증을 내는 대신 그는 "이렇게 약한 풀잎이 어떻게 손을 베게 할까?" 하는 질문을 던졌습니다. 풀잎이 반들반들하지 않고 삐죽빼죽한 걸 본 그는 그걸 모방해서 도구를 만들고, 그것이 바로 우리가 쓰는 톱이지요. 『로빈슨 크루소』는 누구나 아는 작품이지만, "프라이데이(로빈슨 크루소의 종)의 시선으로 본다면 어떨까?"라는 질문을 던졌던 미셸 투르니에는 『방드르디, 태평양의 끝』이라는 걸작을 쓰게 됩니다.

이처럼 과학, 예술에서 정치, 사상에 이르기까지 창조적 업적을 남긴 사람들은 모두 다 질문을 던지는 것에서부터 시작합니다.

창조적 독서는 질문으로부터 나온다

―――― 독서는 질문의 샘입니다. 독서를 잘하는 기준은 백 권, 천 권을 읽었다는 사실에 있지 않습니다. 얼마나 많

은 질문을 던지느냐, 얼마나 좋은 질문을 하느냐가 좋은 독서가와 그렇지 못한 독서가를 가릅니다. 창조적 독서는 생각하는 독서이고, 생각하는 독서는 결국 질문하는 독서이기 때문이지요.

『내게는 소리를 듣지 못하는 여동생이 있습니다』는 존 W. 피터슨이 쓴 유명한 동화책입니다. 한국에도 번역되었는데요, 이전 번역본은 이렇게 시작합니다.

> 내게는 여동생이 하나 있습니다.
> 그 애는 아무런 소리를 듣지 못합니다.
> 하지만 아주 특별한 아이랍니다.
> 내 동생 같은 아이는 정말 드물 거예요.

그런데 한 주부 독서 모임에서 한 사람이 이렇게 물었습니다. "'하지만'이란 접속어는 앞의 이야기를 부정할 때 쓰는 말 아닌가요? 여동생이 귀가 안 들리는 것을 부정적으로 보고 있는 것 같아요. 이건 장애인에 대해 잘못된 시각이 아닐까요?"

그분의 말처럼 이 부분은 여동생이 청각 장애가 '있음에도 불구하고' 그것을 '극복'할 다른 특별한 면이 있다는 얘기로 들립니다. 그래서 사람들이 원문을 찾아보았습니다.

I have a sister. (내게는 여동생이 하나 있습니다.)

My sister is deaf. (그 애는 아무런 소리를 듣지 못합니다.)

She is special. (그 애는 아주 특별해요.)

There is not many sister like mine. (내 동생 같은 아이는 정말 드물 거예요.)

셋째 줄에 '하지만'으로 번역해야 할 'but'이 없죠. 동화 속 화자는 여동생의 청각 장애를 부정적으로 보지 않고 그 자체를 특별한 것, 즉 하나의 개성으로 받아들이고 있습니다. 작가는 장애인에 대한 편견이 없는 아이의 눈을 통해 장애란 단지 차이일 뿐이지 동정의 대상이 아니라는 것을 말하고자 했던 것이죠. 그런데 번역자가 작가의 의도를 넘겨 짚으면서 완전히 다른 뜻이 되고 만 겁니다. 장애인에 대한 번역자의 무의식적인 동정심이었을지도 모르지만 불필요한 단어를 집어넣었던 것이지요. 이런 문제 제기를 받고 난 후 수정된 번역으로 책은 다시 출판되었다고 합니다. 한 사람의 질문 덕에 이 동화를 읽게 될 수많은 아이들이 장애인에 대해 올바른 시각을 배우게 된 셈입니다.

생텍쥐페리의 『어린 왕자』를 모르는 사람은 없습니다. 이 책은 돈과 출세를 좇아 살아가는 우리에게 아이의 순수한 시선과 관계 맺음의 소중함을 가르쳐줍니다. 그런데 작품이 너무 유명하다 보니 모두들 똑같은 해석에만 머물고 맙니다. 작품 속 어린 왕자는 어른들이 보지 못하는 것에 대해 끊임없이 질문을 던지는 아이입니다. 그런데 역설적으로 우리는 이 작품에 대해 거의 질문을 던지지 않지요.

청소년들과 같이 『어린 왕자』를 읽을 때, 저는 기존 해석에 얽매이지 말고 자유롭게 질문을 던져보자고 제안했습니다. 그러자 조금씩 흥미로운 질문들이 나왔는데, 그중 한 청소년이 질문을 했습니다. 그 질문의 요지는 이런 것이었죠. "여우는 왕자가 자기를 길들인다면 서로 특별하고 의미 있는 관계가 된다고 한다. 하지만 의미 있는 관계가 되기 위해 꼭 서로 길들여야 하나? 안 그래도 나를 길들이려고 하는 사람들은 너무 많다. 서로 독립된 존재로 의미 있는 관계를 맺을 수는 없을까?"

이 청소년은 책의 내용을 정확히 이해하면서도 그 핵심 주제에 의문을 품었던 겁니다. 사실 우리는 수많은 사적 관계 속에서 '길들고' 있다고 할 수 있죠. '가족이 원하는 나', '주변 사람들이 원하는 나', '선생님이 원하는 나'가 나의 정체성과 역할을 규정하고, 나는 그들의 기대에 부응하기 위해 주어진 의무를 수행해야 합니다. 물론 그 관계들은 내게 든든하고 의미 있는 무엇이 되기도 하지만, 독립적이고 창조적인 주체로 살아가는 데 제약을 주는 것도 사실입니다. "난 정말 네게 기대가 많아."라는 말을 부담으로 느껴본 적이 과연 없을까요?

더욱이 한국인들은 내(內) 집단끼리는 "우리가 남이가?"라는 말로 강하게 결속하면서 외(外) 집단에 대해선 경계하고 배제하는 경향이 심합니다. 그래서 이주노동자나 장애인, 동성애자 같은 사회적 소수자에 대한 차별이 빚어지기도 하지요. 『어린 왕자』를 읽은 후 "그래, 관계는 소중한 거야."라는 깨달음으로 끝낼 것이 아니라 이런 질문을 던져본다면 더 좋을 것입니다. "서로를 길들이는 사적인 관계와, 각자 권리와 의무를 지닌 존재로 맺어지는 공적인 관계 중 오늘날 더 강조해야 할 관계는 무엇일까?"

우리는 이런 질문을 통해 한 단계 깊이 있는 생각에 도달하고, 사물과 현상에 대한 새로운 시각을 얻게 됩니다. 이런 것이 바로 창조적 독서입니다.

생각을 하려면
질문을 해야 한다

─────── 질문이 창조적 독서를 만든다고 누구나 알고 있지만, 막상 실천하기는 참 어렵지요. 어떤 엄마와 아이의 대화입니다.

"모르는 것이 있으면 '왜'라고 자꾸 질문을 하도록 해. 알았지?"
"왜?"
"왜는, 질문을 해야 모르는 것을 알게 되지."
"왜?"
"하라면 하지 왜는 뭐가 자꾸 왜야? 하기 싫으면 하지 마!"

아이는 엄마가 하라는 대로 '왜?'라고 물었는데 엄마가 화를 냅니다. 엄마에게 질문은 '모르는 것이 있을 때' 하는 형식이고 절차입니다. 자기 말이 어려울 것이 없는데 아이가 자꾸 되물으니까 엄마는 아이가 심술을 부린다고 느꼈던 겁니다. 종종 자신은 책 내용을 다 이해했기 때문에 별로 질문할 게 없다는 사람이 있습니다. 이게 바로 질문과 독서에 대한 고정관념입니다.

  질문은 물론 모르는 것을 알기 위한 도구입니다. 하지만 더 중요한 것은, 질문은 바로 우리의 사고 과정 자체란 겁니다. 우리의 사고는 질문-대답으로 구성되므로, 생각을 하려면 질문을 던지지 않으면 안 돼요. 아이가 자꾸 "왜?"라고 묻는 것은 엄마의 말을 이해하지 못했거나 엄마를 괴롭히려는 것이 아니라 지금 뭔가 생각을 하고 있다는 뜻입니다.

  이것은 인간이 언어를 사용하는 동물이기 때문입니다. 인간 외의 동물은 본능에 따라 움직이고, 고등동물의 경우 모방에 의해 조금 더 지능적인 행동을 합니다. 버튼을 눌러야 먹이가 나오는 우리에 원숭이들을 넣으면 그중 한 녀석이 우연히 버튼을 누르고 다른 원숭이들도 그 행동을 따라합니다. 이러한 모방 본능은 인간에게도 있습니다. 하지만 원숭이들은 '왜 버튼을 누르면 먹이가 나올까? 그 원리가 뭘까?' 이런 질문을 하는 건 아니죠. 인간만이 질문의 형식으로 사고를 합니다. 왜 깨진 돌은 다른 돌보다 날카로울까 하고 질문한 원시 인류로부터 달에 가려면 어떻게 해야 할까를 질문한 현대 인류에 이르기까지, 질문은 진화의 원동력입니다.

  책을 읽고 궁금한 게 없다고 한다면 자신이 더 이상 생각을 하지 않는다고 얘기한 것과 같지요. 질문은 생각을 확장시킵니다. "난 이 책 다 이해했다!"며 질문을 멈추면 더 이상 아이디어가 발전할 수 없겠죠. 독서 교육론에서는 '스펀지형 독서'와 '사금 채취형 독서'를 구분하는데, 이것은 전형적인 '스펀지형 독서'입니다. 스펀지가 물을 빨아들이듯 정보만 흡수하고 1차적인 의미만 이해하는 거예요. 반면 사금 채취형 독서는 진흙 속에서 금을 찾듯이 끊임없이 질문하면서 의미를 재구성하는 능동적인 독서입니다.

질문이 없으면 책을 읽어도 구체적인 감상이 나올 수 없지요. 독서 모임 참가자들에게 함께 얘기할 만한 질문을 한두 개만 만들어 오라고 하면, "책은 쉽게 읽었는데 질문 만드는 게 더 어렵다."며 그냥 오는 사람들이 많아요. 그런 분들일수록 책에 대해서는 "참 좋았다." 아니면 "별로였다."라는 두 반응 사이 어디에만 머무릅니다.

왜 이렇게 질문하기가 힘든 걸까요? 질문에 대한 고정관념과 두려움은 왜 생기는 걸까요? 이것은 우리가 받아온 교육이 '질문하기'보다 '정답찾기'에 맞춰져 있기 때문일 겁니다. 그것이 질문에 대한 경직된 태도를 만들고, 창조적인 질문을 생각하지 못하게 합니다. 질문은 선생님이 하고 학생은 신속, 정확, 간단하게 대답해야 한다고 우리는 배워왔습니다. 선생님이 "7+3= □?"하고 물으면 우리는 빨리 □ 안에

답을 적어내야 했죠. 그리고 정답은 하나뿐입니다. 정답을 맞히면 칭찬을 보상으로 받고 못 맞히면 혼이 나거나 좌절해야 했습니다.

교육 선진국으로 알려진 핀란드의 사례는 이런 우리를 참 부끄럽게 합니다. 핀란드에서는 "7+3=□?"이라는 물음은 없으며 대신 "□+□=10?"이라고 묻는다고 합니다. □ 안에 들어갈 수 있는 숫자는 1과 9, 2와 8, 3.5와 6.5, -20과 30 등 무궁무진하겠지요. 아이들은 10이라는 답이 아니라 10에 이를 수 있는 수많은 질문을 찾게 됩니다. 이렇게 질문과 창의성 중심의 교육은 다른 과목에도 마찬가지라고 합니다. 아이들은 쉴 새 없이 "왜 어른은 키가 커요?" "왜 점심은 점심시간에 먹어야 돼요?" "사람은 왜 날개가 없어요?" 같은 엉뚱한 질문을 해 대고 선생님은 진지하게 그 질문을 받아줍니다.

정답 중심의 사고가 강한 우리들은 책을 읽을 때도 답만을 찾으려 합니다. 즉 필요한 정보와 최종 결론을 찾으면 그 이상엔 관심이 없는 거죠. 물론 결론을 찾는 것이 독해의 기본이긴 하지만, 그 이상 나아가지 않는 것은 문제입니다. 질문하기가 우리에겐 너무나 낯설기 때문이지요.

게다가 질문을 좀 해보라고 하면, 사람들은 뭔가 멋진 질문, 날카로운 질문, 대단한 질문을 해야 한다고 생각하는 것 같습니다. 하긴 학창 시절에 어쩌다 질문 하나 하면 선생님이 "엉뚱한 질문 하지 말고 제대로 된 질문을 해라."고 하셨던 기억이 있지요. 뭘 좀 알고 질문해라, 유치한 질문은 하지 마라, 이런 말을 듣고 나면 질문 능력은 더 위축될 수밖에 없습니다.

질문은 생각의 과정입니다. 창조적 질문을 던지는 순간 이미 그 속에 창조적인 답이 만들어지고 있습니다. 따라서 우리는 질문하는 독서를 해야 합니다. 질문에 대한 두려움과 고정관념을 과감히 버리는 것이 필요합니다.

질문을 늘려라!
소크라테스처럼 읽기

하나, 무작정 질문하라!
— 간단하고 구체적인 질문에서 심오한 질문으로 나아가라
— 꼬리를 물고 이어서 질문하라
— 손으로 질문을 써보라

흔히 위인이라고 하면 어린 시절의 사소한 면까지 마치 대단한 특징인양 포장됩니다. 우리는 그들이 어린 시절부터 생각이 남달랐고 창조적인 질문을 했다고 얘기하죠. 그러나 자칫 이런 식의 접근은 질문 능력에 대해 선입견을 갖게 할 수 있습니다.

발명왕 에디슨은 어릴 때 선생님에게 "쇠도 말할 수 있나요?"라는 질문을 했다가 바보 같은 녀석이라고 혼이 나죠. 그는 나중에 축음기를 발명하여 자기 질문을 현실로 만들어냅니다. 하지만 그렇다고 에디슨이 어릴 적에 엄청나게 대단한 질문을 던진 것은 아니지요. 우리가 기억하지 못해서 그렇지, 우리도 아이였을 때 다 저런 질문을 합니다. 발달심리학에서는 그런 것을 '순진한 왜?(innocent why)'라고 하는데, 위인들은 어렸을 때부터 '위대한 질문자'였던 것이 아니라 아이들이 그렇듯이 '유치하고 엉뚱한 질문자'였을 뿐입니다. 중요한 것은, 바로 이처럼 사소하고 엉뚱하고 유치한 질문이 나중에 위대한 생각으로 발전하는 씨앗이라는 겁니다. 창조적인 사람과 그렇지 못한 사람들의 차이는, 어렸을 때의 유치한 질문에 물을 주고 싹을 트게 했느냐 아니면 '제대로 된 질문이나 해라.'며 밟아 버렸느냐에 있습니다. 마찬가지로 창조적인 사회와 그렇지 못한 사회의 차이도, '순진한 왜?'를 존중하고 북돋아주느냐 아니면 귀

찾아하고 무시하느냐에 있습니다.

'제대로 된 질문'이냐 아니냐는 전혀 중요하지 않습니다. 무작정, 뭘 알든 모르든, 유치하든 말든, 무조건 질문을 해야 합니다. 우리는 전문가들처럼 한 권의 책을 완벽하게 이해할 필요도, 세상이 깜짝 놀랄 질문을 할 필요도 없습니다. 사소한 질문을 많이 던지면서 그 질문의 꼬리를 물고 계속 생각하면 됩니다. 모든 것에 '왜?', '만약?', '혹시?', '어쩌면?', '정말?' 하고 물어야 합니다. 그 질문들이 연쇄 작용을 거치면서 어느 순간 놀라운 질문이 되고 창조적 아이디어가 나타납니다.

과학저술가 스티브 존슨은 우리에게 '유레카!'에 대한 오해가 있다고 합니다. 그에 따르면 아이디어는 어느 날 갑자기 섬광처럼 솟는 것이 아닙니다. 찰스 다윈은 『종의 기원』을 쓰기 전에 맬서스의 『인구론』을 읽다가 불현듯 '자연선택'이라는 개념이 떠올랐다고 일기에 적었습니다. 그의 말대로라면 그 순간이 바로 '유레카!'인데, 다윈을 연구한 학자에 따르면 다윈이 오랜 시간에 걸쳐 노트나 일기에 써놓은 메모와 질문을 볼 때 이미 '자연선택'의 아이디어는 그의 머릿속에서 조금씩 만들어지고 있었다고 합니다. 꼬리를 문 수많은 질문들이 미래의 위대한 발견을 향해 누적되고 있었지만, 그 자신조차 그걸 인식하지 못했던 겁니다.

창조적인 독서를 하려면 질문에 대한 두려움을 벗어던져야 합니다. 내 머리가 주체할 수 없는 질문의 다발이 되어야 합니다. 저는 그것을 '소크라테스처럼 읽기'라고 부릅니다.

소크라테스처럼 읽기란 꼬리를 물고 질문을 던지는 독서입니다. 소크라테스의 문답법과 지혜의 산파술을 독서에 적용하는 것입니다. 다르게 표현하면 '백문백답 독서법' 정도가 될까요? 독서하기 전, 독서하는 도중, 그리고 독서 후에 말 그대로 질문 100개를 던져봅시다. 물론 100개라는 숫자가 중요한 것은 아니고, 요는 질문의 양을 확 늘려보는 것입니다. 사람들은 어쨌든 이런저런 질문들을 하면서 책을 읽습니다. 의식적으로 조금만 노력하면 100개가 그리 많은 것도 아닙니다.

독서하기 전에는 제목과 목차, 책 소개 등을 보면서 질문을 해봅니다. "제목은 무슨 뜻인가?" "저자는 무슨 말을 할까?" 이런 질문으로 내용을 추측해보고 관련된 배경지식도 떠올립니다. 독서하는 중에는 "이 부분은 무슨 의미일까?" "왜 이런 말을 할까?" 등의 질문으로 내용을 해석해보고 저자의 의도를 추리해봅니다. 독서 중에는 책의 여백에다 간단히 메모하거나 물음표를 붙이면서 빨리 넘어갑니다. 읽는 흐름이 끊겨서는 안 되니까요.

독서를 마친 후가 중요합니다. 노트나 종이를 펼치고, 또는 모니터에다가, 독서 전과 독서 도중에 떠올랐던 것까지 포함하여 본격적으로 질문들을 적어갑니다. 질문에 바로 답할 수 있으면 답을 써보고 생각이 안 나면 또 넘어갑니다.

  질문을 던지고 답하다 보면 읽은 내용이 눈앞에 생생히 되살아나고, 저자를 깊이 이해하게 되며, 생각이 여러 방향으로 퍼져나가면서 아이디어가 떠오릅니다. 대충 넘어갔던 부분에서 새로운 감동을 느끼기도 합니다. 저는 서평이나 독서 에세이를 쓸 때, 독서 모임의 토론 주제나 생각할 거리를 얻고자 할 때 이 방법을 많이 활용합니다. 질문들을 글로 조직하면 그게 바로 서평이고 에세이입니다.

  유치할 정도로 간단하고 구체적인 질문부터 시작해서 꼬리를 물고 계속 질문하는 것이 포인트입니다. 처음부터 "이 책의 시대적 의미는 무엇인가?" 같은 추상적인 질문은 금물입니다. 이런 질문엔 답하기도 어렵고 다른 질문도 생각이 안 나요. 차라리 이런 질문이 좋습니다.

  이 책 제목이 뭐지?

  이제 질문을 이어갑니다. "왜 제목을 이렇게 지었을까?" "제목을 다르게 바꾼다면?" "제목의 숨은 의미는 뭘까?" "부제를 달아본다면?"

또 이런 질문을 해봅니다.

이 책 몇 쪽이야?
결론이 뭐지?
어디가 제일 마음에 들었지?
친구 길동이는 이 책을 좋아할까, 싫어할까?

이런 질문은 책의 기본 정보를 기억하게 만들고, 책에 대한 다른 사람의 반응을 예상해보면 저자의 관점을 객관화할 수 있습니다. 이어 꼬리를 물고 질문을 이어갑니다.

전체가 200쪽인데 제일 중요한 부분은 어디지? 왜 거기가 중요하지?
결론에 나는 동의할 수 있나? 할 수 없다면 왜 그렇지?
그 대목을 내가 좋아한 이유는? 내게 그와 관련된 기억이 있는가?
길동이가 이 책을 싫어한다면 그 이유는? 내가 저자라면 뭐라고 답해줄까?

벌써 질문이 열 개를 훌쩍 넘었지요? 작은 물고기를 큰 물고기가 물고, 큰 물고기가 더 큰 물고기를 무는 것처럼 연상에 의해 생각이 끌려나옵니다. 사소하고 구체적인 질문부터 시작하면 점점 중요하고 본질적인 질문으로 나아가게 됩니다. 질문과 답을 손으로 써봐야 하는 이유는 생각을 명료하게 만들기 위해서입니다. 머릿속에 있을 때는 구름처럼 모호하던 생각도 직접 적다 보면 구체화되지요.

소설가 베르나르 베르베르는 "인간에게는 누구나 인생과 우주에 대해 질문을 던지고 답을 찾을 수 있는 능력이 있다."고 말했습니다. 처음부터 그 답을 찾을 수는 없겠지만, 이처럼 작은 질문이 거듭되어 쌓여간다면 불가능한 일은 아닐 겁니다.

둘, 질문을 다각화하자
— 사실적 질문, 해석적 질문, 평가적 질문, 사색적 질문

자유롭게 질문하면 사고의 총량이 늘어나는데, 거기에 더해 의식적으로 질문의 범주를 다각화하고 질문을 정교하게 한다면 생각의 폭과 깊이가 더욱 확장됩니다. 누가 우리에게 책에 대해 "그 책 어땠어?"라고 두루뭉실 묻는 것과 "저자의 관점에 동의하니?" "네가 주인공이라면 어떤 선택을 하겠니?"라고 묻는 것 가운데 어느 쪽이 더 할 말이 많을까

요? 당연히 후자일 테지요.

질문의 범주를 나누는 방법은 얼마든지 있지만, 사실적 질문•해석적 질문•평가적 질문•사색적 질문의 네 가지 범주는 널리 받아들여지는 방법입니다. 이 범주를 기본으로 질문의 방법을 자세히 설명해보도록 하겠습니다.

사실적 질문은 내용을 1차적으로 확인하는 질문이다
"책의 키워드는 무엇인가?"
"이 사건의 원인이 무엇인가?"
"저자의 결론이 무엇인가?"
"저자가 이렇게 주장하는 근거는 무엇인가?""
"주인공이 처해 있는 딜레마는 무엇인가?"

사실적 질문은 책의 기본 정보와 내용을 묻는 것입니다. 사실적 질문을 던지며 읽으면 정보나 내용을 더 잘 기억할 수 있고, 앞으로 제시될 정보를 예측하여 보다 능동적인 독서를 할 수 있습니다. 사실적 질문을 말로 하며 독서하는 것도 도움이 됩니다. 저는 종종 혼자 중얼거리면서 책을 읽는데, "저자가 아까 뭐라고 했지?" "저자가 예로 든 세 가지가 뭐였지?" "주인공이 어디서 나타났지?" 이런 방식을 소리 내어 생각하기(think-aloud)라고 합니다. 소리 내어 읽기와는 다른데, 생각을 말로 표현하면서 기억을 정리하는 것이지요.

해석적 질문은 '왜' '어째서' 등 숨은 의미나 이유를 찾는 질문이다
"저자가 궁극적으로 말하려는 것은 무엇인가?"
"저자는 왜 이 글을 썼는가?"
"저자는 이 현상을 어떤 관점으로 보는가?"
"주인공은 왜 그렇게 행동했는가?"
"이 책의 제목은 무얼 의미하는가?"

이처럼 숨은 의미, 이유, 맥락 등을 묻는 질문이 해석적 질문입니다. 해석적 질문을 잘 던지면 책 속에 생략된 것들과 행간의 의미를 찾을 수 있습니다. 또 해석적 질문을 많이 시도할수록 분석력과 추리력이 향상됩니다.

그런데 어떤 사실이든 하나의 해석만이 아니라 다른 해석도 가능하다는 것을 인정해야 합니다. 즉 우리는 저자가 제안하는 해석과 달리 자신만의 독창적인 해석을 시도할 수 있습니다. 저자는 어떤 정보를 제시한 후 그 정보의 의미를 특정한 방향으로만 해석하여 우리에게 전달합니다. 그것은 독창적인 해석일 수도 있지만, 편협한 해석일 수도 있습니다.

시내의 도로가 몹시 혼잡하다고 합시다. 우리는 쉽사리 이렇게 말하죠. "도로가 너무 좁아. 도로를 확충해야 해!" 하지만 도로가 혼잡하다는 사실을 반대로 자동차를 줄여야

한다는 의미로 해석할 수도 있지요. 도로가 늘어날수록 자동차의 유입은 점점 더 많아질 수도 있기 때문입니다. 고정관념에 따라 사실을 특정한 의미로만 이해할 것이 아니라, "잠깐, 그 사실에는 다른 의미는 없는가?"라는 질문을 던져 보아야 합니다. 독서할 때도 마찬가지이죠.

평가적 질문은 '옳은가?' '타당한가?'를 묻는 질문이다
"저자의 제안은 현실적으로 유용한가?"
"주인공의 행동에 찬성할 수 있는가?"
"저자의 주장은 논리적으로 타당한가?"
"저자의 관점은 충분히 공정한가?"
"이 책과 다른 책을 비교하면 무엇이 나은가?"
평가적 질문은 가치판단을 묻는 질문입니다. 평가적 질문의 특징은 답이 크게 두 갈래로 나뉜다는 것입니다. 즉 쟁점이 발생하는 것이지요. 따라서 평가적 질문은 독자의 생각을 자극하며, 독서 토론의 논점으로 제시하기에 좋습니다.

평가적 질문을 던지다 보면 사고가 깊어집니다. 표면적인 해석을 넘어 보다 본질적인 쟁점을 찾게 되기 때문입니다. 신약성서를 보면 예수에게 사람들이 몰려와 "간음한 여자는 돌로 쳐 죽이는 것이 모세의 율법인데 어떻게 하면 좋겠습니까?"라고 묻는 장면이 나옵니다. 예수가 죽이지 말라

고 하면 율법을 무시하는 것이고, 죽이라고 하면 이웃을 사랑하라고 한 예수의 가르침이 거짓이라는 얘기가 되니 예수는 딜레마에 처한 것이지요. 이때 예수는 이렇게 말하면서 딜레마를 빠져나가고 여인의 생명도 구합니다. "너희 가운데 죄 없는 자가 먼저 돌을 던져라."

예수의 행동은 옳은가요? 아마 누구라도 '옳았다'고 하겠죠. 여인을 구했잖아요. 그런데 이때 중요한 것은 반대쪽 입장에서 뭐라고 되물을까 생각해보는 겁니다. "맞소. 우리 중에 죄 없는 사람은 아무도 없소. 그렇다고 해서 죄 지은 사람을 아무도 벌할 수 없다는 건 말이 안 되오. 그래서야 사회 질서가 어떻게 유지되겠소?"

이 말도 틀리지 않습니다. 우리 중에 경범죄 한 번 안 어겨본 사람 없으니 재벌의 불법적 탈세 행위도 비난해선 안 되는 걸까요? 국제 사회가 일본의 위안부 동원을 비난할 때 일본이 '어디 너희 나라는 인권 문제 하나도 없느냐?' 하고 대꾸하면 그만인 걸까요? 이렇게 볼 때 예수의 행동을 평가하는 것이 간단치 않은 문제임을 알게 되죠. 예수가 그저 여인을 구해줬다는 것으로 그의 행동을 '옳았다'고 판단하기는 쉽지 않습니다.

그러나 이런 고민을 하다 보면 문제의 이면에서 보다 심오한 쟁점을 발견하게 됩니다. "한 개인의 잘못된 행동을 단죄할 수도 있지만, 그 행동을 용서할 수도 있다. 둘 다 우리 사회를 이끌어가는 중요한 원칙이다. 그러나 두 원칙이 충돌할 때 우리는 무엇을 상위의 원칙으로 삼아야 하는가?" 예수는 '다 같이 죄 지었으니 피장파장' 수준의 얘기를 한 것이 아니라 용서가 인간 사회에 더 상위의 원칙이 되어야 한다고 제기한 것입니다. 그리고 이에 대해 우리가 깊이 고민할 것을 요구한 것이지요.

사색적 질문은 '어떻게 될까?'를 상상해보는 질문이다
"나라면 주인공의 상황에서 어떤 선택을 할까?"
"그의 눈(혹은 동물이나 식물)으로 보면 어떻게 보일까?"
"상황이 다르다면 어떤 일이 벌어졌을까?"
"저자의 제안대로 한다면 우리나라는 앞으로 어떻게 변할까?"
"우리가 아무런 조치를 취하지 않으면 사회는 어떻게 될까?"

해석과 평가가 사고의 수렴을 요구한다면 사색적 질문은 사고의 발산과 상상력을 요구하는 질문입니다. 특히 문학 작품을 읽을 때는 사색적 질문이 무척 중요하지요. 사색적 질문을 던지며 읽으면 그 상황을 생생하게 떠올릴 수 있으며 인물의 고통과 기쁨을 내 것처럼 공감하게 됩니다.

조세희의 『난장이가 쏘아올린 작은 공』에는 난장이 가족이 집에서 밥을 먹는데 바깥에서 구청 철거반이 망치로 담을 허무는 장면이 나옵니다. 먼지가 피어오르면서 곧 담에 구멍이 뻥 뚫리지요. 그런데 이 장면을 영화로 바꾼다고 상상해봅시다. 카메라를 담 안쪽에 설치하여 담을 뚫으며 철거반이 나타나도록 찍는 게 좋을까요, 카메라를 담 바깥에 설치하여 구멍이 뚫리면서 난장이 가족이 식사하는 장면이 나타나도록 찍는 게 좋을까요? 그 두 장면에서 각각 어떤 느낌을 받게 될까요?

『사회계약론』과 네 가지 질문

────── 장 자크 루소의 『사회계약론』을 예로 들어볼까요. 『사회계약론』은 인민주권론의 기초를 놓았으며 근대 시민혁명의 방향타를 제공했다는 평가를 받는, 정치사상의 고전입니다. 근대 시민사회의 탄생을 이해하려면 꼭 읽어야 할 책이기도 하지요. 어렵다고 생각할 수 있지만, '사회계약'이라는 흥미로운 사고 실험은 우리에게 많은 생각할

거리를 줍니다.

먼저 사실적 질문을 던져봅시다. "핵심 개념이 무엇인가?" 이 책의 핵심 개념은 '일반의지'입니다. 루소가 여러 차례 반복하고 강조하는 개념이지요. 이어 해석적 질문을 해봅시다. "일반의지란 무엇을 말하는가?" 개개인의 이기적인 의지를 특수의지라고 한다면, 일반의지는 특수의지와는 달리 사회계약을 이룬 국민들 모두가 공동으로 갖는 의지, 이른바 공공선(公共善)이 됩니다. 루소는 사회계약을 이룰 때 모든 사람이 자신의 의지를 자발적으로 던져 넣어 일반의지를 형성했다고 하며, 따라서 이 일반의지는 군주나 통치자의 의지보다 더 상위에 있으므로 인민주권의 조건이 됩니다.

이어 평가적 질문을 던져봅시다. "우리는 일반의지를 인정할 수 있는가?" 공공선이 개인의 특수의지보다 우월하다고 생각한다면 일반의지를 인정할 수 있을 것이고, 반면에 개인의 구체적인 의지를 초월하는 것은 민주 사회에서 있을 수 없으므로 인정할 수 없다고 할 수도 있을 겁니다.

여기에 사색적 질문으로 가상의 딜레마 상황을 떠올려봅시다. "시에서 우리 마을에 납골당을 세우려고 한다. 그런데 마을 주민 80%가 땅값이 떨어진다며 반대한다. 마을 주민들은 납골당을 수용해야 하는가?" 납골당은 공익시설이므로 일반의지의 관점에서는 수용이 당연합니다. 주민 80%가 반대한다지만 특수의지는 모두 합친다고 해도 일반의지를 능가할 수 없습니다. 극단적으로 99%가 반대해도 납골당을 세워야 합니다. 하지만 이럴 경우 주민 반발로 꽤 심각한 갈등이 빚어질 것이고 민주주의의 원칙을 훼손하게 됩니다. 반대로 주민 여론 때문에 납골당을 포기한다면 공공선을 실현하지 못하게 됩니다. 일반의지가 처한 이 딜레마는 어떻게 극복할 수 있을까요?

이런 질문들과 함께 『사회계약론』을 읽으면 몇 번에 걸쳐 책을 되새김질하게 됩니다.

딜레마를 즐기자

─── 위의 납골당 얘기처럼 우리의 삶은 딜레마의 연속이지요. 그러나 딜레마가 꼭 부정적인 것은 아닙니다. 우리는 딜레마를 통해 인간사의 복잡함을 이해하게 되고, 딜레마를 어떻게 넘어설지 고민하는 과정에서 튼튼한 생각의 힘을 기르게 됩니다.

미셸 깽의 짧은 소설 『처절한 정원』은 2차 대전의 전범으로 기소된 모리스 파퐁의 재판을 계기로 한 가족의 슬픈 과거를 드러내 보여줍니다. 이 소설의 제목은 아폴리네르의 시에서 딴 것인데, 그 구절은 이렇습니다. "우리의 처절한 정원에서 / 석류는 얼마나 애처로운가." 시구대로 소설에서는 한 아름다운 정원에서 생사의 기로에 서게 된 사람들의 얘기를 보여줍니다.

소설의 배경은 2차 대전으로, 독일군이 프랑스를 점령하여 비시 정부를 세우자 프랑스 레지스탕스들은 테러로 비시 정부에 저항합니다. 이에 비시 정부는 레지스탕스를 억누르기 위해 테러범이 잡히지 않을 때 무고한 인질을 대신 처형하는 말도 안 되는 악법을 통과시키지요. 주인공인 앙드레와 가스똥은 레지스탕스 활동으로 기차역의 변압기를 폭파시킵니다만 곧 독일군에게 체포되고 맙니다. 그런데 알고 보니 그들은 테러범으로 체포된 것이 아니라 인질로 체포된 거예요. 독일군은 그들이 테러범인 줄 모르고 잡아들인 것이지요.

앙드레와 가스똥은 다른 두 명의 인질과 함께 어떤 집의 정원에 판 구덩이에 감금되고, '진짜 테러범'이 자수하지 않으면 대신 처형될 운명에 처합니다. 그러나 진짜 테러범이 바로 그들이니 자수할 사람이 있을 리가 없지요. 그러나 그들은 무고한 두 인질에게 자신들이 테러범임을 밝히지 않습니다. 이 아이러니한 상황에서 처형 시간은 점점 다가오고 이들은 제비뽑기로 먼저 처형될 사람을 골라야 할지 망설입니다.

　이 상황은 딜레마, 그것도 처절한 딜레마임에 틀림없습니다. 앙드레와 가스똥이 테러를 했으니 당연히 자수해야 한다고 말할 수도 있겠지만, 그것은 반인륜적 악법에 굴복하는 일이기도 합니다. 그 법은 레지스탕스와 동료 시민을 분열시키려는 사악한 의도로 만들어진 것이니까요. 그렇다고 자수하지 않자니 아무것도 모르는 시민들이 죽게 됩니다. 그 역시 괴롭기 짝이 없는 일이지요. 그들은 어떤 선택을 해야 할까요? 또 그게 나라면?

　비단 이 작품이 아니어도 소설 속에는 수많은 딜레마가 등장합니다. 아니, 소설은 본래가 딜레마의 문학입니다. 소설을 읽는 것은 인물을 딜레마에 빠뜨려 놓고 거기서 죽도록 고민하는 모습을 지켜보며 즐거움을 느끼는 일종의 관음증 행위입니다. 그런데 소설을 더 재미있게 읽으려면 우리 자신이 이 딜레마 속에 빠져봐야 합니다. "이 상황에서 어떤 선택이 옳은가? 나라면 어떤 선택을 할 것인가?" 이런 질문을 해본다면 자기도 모르게 책에 흠뻑 몰입하게 될 것입니다. 소설이 주는 기쁨을 누리려면 딜레마를 즐기시기 바랍니다.

5

책과
평생
사랑하기
위한
독서 습관

당신은 책이라는 것을 좋아하지 않을지도 모른다. 그런 당신은 분명 생활 가운데 부질없는 야심과 쾌락의 추구에 몰두하고 있을 것이다. 그러나 세상은 당신이 생각하는 것보다 훨씬 광범위한데, 그 세계가 책에 의해 움직이고 있다는 것을 알아야 한다.
— 볼테르

독서는 습관이다

─── 좋은 독서가가 되고 싶다면 최고의 독서법이나 선학들의 독서론을 단지 아는 것만으로는 부족합니다. 무엇보다 좋은 독서 습관을 길러야 합니다. 아리스토텔레스는 『니코마코스 윤리학』에서 탁월한 사람이어서 올바르게 행동하는 것이 아니라 올바르게 행동했기 때문에 탁월한 사람이 되는 거라고 말했습니다. 어릴 적부터 습관과 훈련이 자신의 모습을 만든다는 겁니다. 그는 말합니다. "한 마리의 제비가 왔다고 해서 아직 봄이 온 것은 아니며, 하루 또는 단기간의 행복이 사람을 꾸준히 행복하게 하는 것은 아

니다."

 독서는 습관입니다. 나쁜 습관은 자기도 모르게 몸에 배지만, 좋은 습관은 의식적으로만 몸에 익힐 수 있습니다. 아래의 독서 습관은 저의 경험과 제가 만난 독서 고수들의 조언을 정리한 것입니다. 책과 평생 사랑에 빠지고 싶은 사람이라면 꼭 염두에 두시길 바랍니다.

독서 시간을 미리 정하자

─────── "두고 봐, 올해는 시간 나는 대로 독서를 하겠어." 이렇게 1년을 호기롭게 시작하지만 한 해를 마무리할 때 보통 이렇게 말하지 않나요? "아, 정말 시간이 안 나더라고."

 하루 일과를 끝낸 후에 자기 전까지 책을 읽겠다고 결심하지만 그놈의 일과는 도무지 끝이 안 납니다. 하루 중 대부분 우리는 어딘가에 매여 있고, 그게 끝나면 친구를 만나거나 밥을 먹거나 술을 마시러 가고, 집에 오면 TV도 좀 보고 쉬어야 하고, 이게 다 일과입니다. 이런 후에 책 좀 볼까 하면 피곤해서 몇 쪽 넘기지도 못하고 잠들죠. 그리고 다음 날 생각하기를, 어제는 너무 바빴어, 오늘은 꼭 시간을 내야지! 그러나 결과는 마찬가지입니다.

사실 우리는 늘 바쁩니다. 심지어 어린이집에 다니는 제 아들도 양치질 좀 꼬박꼬박 하라고 시키면 "아빠, 제가 좀 바빠서요."라고 대답해요. 결국 자기가 무슨 일에 우선순위를 두느냐 하는 문제입니다. 독서를 하려고 마음먹었으면 독서에 우선순위를 두어야 합니다. 독서 시간이 어디서 툭 떨어지나요? '시간 날 때'가 아니라 '시간을 만들어' 읽어야죠.

독서에 그만한 가치를 둔다면, 하루 중 황금 시간을 독서에 배정하세요. 아침 등교 시간이나 출근 시간에 지하철에서 책을 읽겠다, 점심시간에는 책을 읽겠다, 저녁 9시에서 10시까지 읽겠다, 이런 식으로 말이지요. 아무리 바빠도 밥을 거르지는 않으니 점심시간 독서도 효과적입니다. 함께 모여 밥 안 먹으면 큰일 나나요? 얼른 먹고 책을 보든가, 조용한 곳에서 혼자 먹으며 30분 동안 집중해서 읽으세요. 일주일에 하루 만이라도 저녁 약속을 잡지 말고 책을 읽으세요. 집에 가면 습관적으로 TV부터 켜지 말고 딱 한 시간만 책을 읽겠다고 정하세요. 아예 집 근처 카페나 도서관에서 책을 읽다 들어가도 좋습니다.

흔히 오전엔 바빠서 책을 못 읽는다고 생각하기 쉬운데, 생각을 조금만 전환하면 오전이 오히려 독서에 최적인 시간입니다. 새벽이나 오전에 책을 읽으면 전날의 부정적인 기분들이 씻겨 나가면서 머릿속이 맑게 정리되어 다른 일을 수행할 때 효율이 훨씬 커집니다. 감리교 창시자인 요한 웨슬리는 매일 평균적으로 40킬로미터 이상 이동하며 3회가 넘는 설교를 하면서도 독서에 열중했습니다. 그는 대부분의 독서를 말 위에서 했는데, 평소 주변 사람들에게 이렇게 말했다고 합니다. "매일 오전에는 독서만 해야 한다. 아니면 적어도 하루 중 5시간 이상은 독서를 해야 한다."

주말에는 반나절쯤 통째로 독서에 헌사해도 좋겠습니다. 일요일 오후에는 책을 읽겠다, 이렇게 정하고 아예 적당한 장소도 물색해 놓으면 금상첨화지요. 그곳에서 책을 읽는 자신을 상상만 해도 기분이 좋아지는 그런 장소를 찾아보세요. 1년 중 한 시기에 몰아서 책을 읽는 사람도 있지요. 『칼의 노래』의 작가 김훈은 여름휴가에 책을 한보따리 싸들고 시내에 있는 호텔로 간다고 합니다. 사람들이 교외로 빠져나가 한적한 호텔에서 여유롭게 독서를 하려는 것이지요. 빌 게이츠는 1년에 한 달은 연락을 끊고 독서 휴가를 떠난다고 해요. 정신을 재충전하여 일터로 돌아오는 것이죠.

물론 우리들은 이처럼 한 달씩 독서에 뺄 수 있는 여유는 없습니다. 그러니 더욱 일상생활에서 독서 시간을 만들어야 하는 겁니다. "꼭 시간을 미리 정하기보다는 틈나는 대로 읽는 게 좋지 않으냐?"는 분도 계신데, 중요한 건 습관을 들인다는 겁니다. 습관이란 정기성과 반복성으로 얻어지니까요. 독서 습관부터 들여야 그 '틈'이 날 때 책을 찾게 되죠.

하루 한 시간만 독서해도 일주일이면 7시간입니다. 7시간이면 300쪽 책 한 권을 충분히 읽을 수 있습니다. 이대로 한 달에 네다섯 권, 1년이면 50~60권 이상 읽게 됩니다. 쪽수로는 1만 5000쪽이 넘어요. 만약 한 분야의 책을 이 정도 본다면 교양 수준의 책은 직접 쓸 수 있을 정도가 됩니다. 국민 77%가 하루 1시간 이상 책을 읽는다는 핀란드가 어째서 그토록 세계의 부러움을 받는지 알 수 있습니다.

어디든 책을 갖고 가자

─── 철학자이자 문예 비평가인 롤랑 바르트는 화장실에서 읽는 책이 제일 몸에 잘 새겨진다고 얘기했습니다. 저도 어릴 적 화장실에서 어쩐지 더 몰입이 잘 되어 짧은 추리소설 한 권 정도는 그냥 읽어버렸습니다. 애가 한 시간이 넘

도록 화장실에서 나오질 않으니 어머니는 제가 변비인 줄 알고 걱정을 하셨지요. 지금은 아예 화장실에 책을 몇 권 비치해놓고 있습니다. 일을 보는 몇 분 동안 읽기 좋게 가벼운 소설이나 잡지, 만화책 등을 두는 편입니다.

버스나 지하철을 탈 때도 가방엔 꼭 책을 한두 권 넣습니다. 이땐 들고 다니기 편하게 가벼운 책을 택합니다. 독서 고수들에겐 이런 이동 공간도 최적의 작업실이 됩니다. 정민 교수는 지하철 속에서 한문을 번역하고 평설을 달아 『한서 이불과 논어 병풍』이란 책을 낼 정도죠. 저는 한때 '차를 타면서 꼭 책을 읽어야 될까. 창밖도 보고 사색을 해도 좋겠지.'라고 생각해서 일부러 책을 안 가지고 다녀봤습니다. 그런데 책을 안 읽으니 사색을 하는 게 아니라 졸음만 와요. 휴대폰으로 인터넷을 하게 되든가요. 그래서 다시 책을 갖고 다니게 되었습니다. 오히려 책을 몇 쪽 읽고 잠시 창밖을 보면 불현듯 한 줄기 좋은 아이디어가 바람처럼 스치고 가곤 합니다.

책을 늘 들고 다니면 틈새 독서 시간을 확보할 수 있고, 또 책을 다양하게 읽을 수 있습니다. 가령 집에서 읽는 책, 지하철에서 읽는 책, 학교나 직장에서 읽는 책, 화장실에서 읽는 책을 나눠 매일 조금씩 읽어나가는 겁니다.

강남 학원가에서도 최고로 손꼽히는 한 논술 강사는 집

구석구석에 책을 그야말로 '뿌려' 놓는다고 합니다. 화장실에 몇 권, 식탁에 몇 권, 거실 소파 옆에도 몇 권, 심지어 마룻바닥에도 몇 권을 흩어 놓고 가는 곳마다 책이 손은 물론 발에도 걸리게 만듭니다. 그러면서 앉는 곳마다 다른 책을 펼쳐볼 수 있게 한 거죠. 소설, 사회과학, 철학, 신화, 만화책, 실용서 등 종류도 다양해서 저렇게 보다간 정신없을 것 같은데, 그분은 논술 문제를 만들 때 이렇게 생각들을 섞다 보면 멋진 아이디어가 솟는다고 합니다.

도서관과 친해지자

──────"오늘날 나를 존재하게 만든 것은 동네의 작은 도서관이다." 빌 게이츠의 유명한 말이지요. 19세기 영국의 문호 토마스 칼라일은 도서관에서 만 권의 책을 독파했고 "책 속에는 과거의 모든 위인이 누워있다. 오늘날 참다운 대학은 도서관이다."란 말을 남겼습니다. 발명왕 에디슨은 어려서 기차역을 오가며 신문과 잡화를 팔 때, 남는 시간을 디트로이트 시립도서관에서 보냈습니다. 그는 "책 몇 권을 골라 읽은 게 아니라 도서관 전체를 읽어버렸다."고 합니다.

서가를 가로 세로로 남김없이 읽었다니, 아무리 지금보다 규모가 작았다 해도 감탄스럽지요. 중국 혁명의 지도자 마오쩌둥은 19세에 제일성립중학교에 입학했으나 까다로운 규정이 맘에 들지 않아 6개월 만에 그만 두고 성립도서관에서 6개월 동안 책에 파묻혔습니다. 그때 읽은 애덤 스미스의『국부론』, 다윈의『종의 기원』, 링컨이나 나폴레옹의 전기 등은 세계와 역사에 대한 깊은 지식을 남겼고, 그의 혁명 활동에 밑거름이 되었지요. 마오쩌둥을 반대하는 서방 지도자들조차도 그의 광범위한 지식에 대해서만은 경탄을 아끼지 않았다고 합니다. 이름을 남긴 사람들의 성장 과정에는 이처럼 도서관이 빠지지 않습니다.

도서관과 친해집시다. 도서관 방문을 하루 일과의 하나로 삼으면 제일 좋겠고, 그것까지는 어렵다면 최소한 일주일에 하루라도 찾으시길 바랍니다. 공공도서관의 숫자가 아직 선진국에 비해 부족한 것은 사실이지만, 도시에 사는 사람이라면 집에서 30분 내외, 멀어도 1시간 거리에는 하나 이상 도서관이 있을 것입니다. 처음에 약간 어색해도 한두 번 가다 보면 익숙해집니다. 도서관을 내 집처럼 만드세요!

도서관이 좋은 이유는, 우선 도서관처럼 매력적인 독서 환경은 어디에도 없기 때문입니다. TV와 라디오 소리, 핸드폰 소리의 방해 없이 조용히 책을 볼 수 있고, 관심 분야의 책은 마음대로 쌓아놓고 봐도 됩니다. 이 책 저 책을 비교하면서 봐도 되고, 원한다면 한 저자의 옛날 책까지 거슬러 올라가볼 수 있습니다. 도서관은 분류와 검색 시스템이 완벽하게 갖춰져 있기 때문에 서점처럼 바쁜 직원을 기다리지 않아도 혼자서 책을 찾을 수 있죠. 읽다가 좋은 구절이 나오면 노트를 꺼내 천천히 적어도 상관없고, 바로 복사를 해도 됩니다.

또한 도서관에서 우리는 보다 주체적인 독자가 됩니다. 굳이 대형서점에 비교하자면, 대형서점에서는 강력한 마케팅의 영향력이 작용합니다. 일부 베스트셀러는 입구부터 시작해 가는 곳마다 산처럼 쌓여있고, 특별히 '미는' 책들은 노출 빈도부터가 다릅니다. 원하는 책이 따로 있는데 엉뚱한 책을 사오는 경우가 있지 않나요? "이미 백만 명이 감동한 책!"이라는데 어떻게 안 읽고 배길 수가 있겠어요? 그래서인지 제게 대형서점은 책을 '읽는 곳'이라기보다 책을 '사는 곳'이란 이미지가 강합니다.

도서관은 마케팅에서 상대적으로 자유롭게 책을 고를 수 있고 자신의 목적에 맞게 책을 읽을 수가 있습니다. 특히 유명하지도 않고 나온 지도 오래되어 대형서점이었으면 눈에 띄지도 않았을 그런 책을 우연히 고르기도 하는데, 그때 너무 재미있어 흥분을 주체 못하는 일도 있습니다. 세렌디피

티(serendipity)! 우연이 주는 뜻밖의 즐거움이지요. 또 주머니 사정이 넉넉지 못하다면, 도서관에서 먼저 책을 둘러본 후 꼭 사야 할 책의 목록을 정해 서점으로 가거나 인터넷으로 주문하면 후회가 없을 겁니다.

거기다 도서관에는 각종 참고 자료와 문화 교양을 접할 기회가 많습니다. 최신 신문과 잡지, 과월 잡지, 다양한 사전(국어사전, 외국어사전, 신화사전, 철학사전, 종교사전, 속담사전, 과학기술용어사전, 상징사전 등)을 도서관 이외의 곳에서 일목요연하게 보기란 거의 불가능합니다. 책을 읽다가 필요하면 이런 자료를 바로 찾아볼 수 있으니까 효율적이지요. 도서관마다 작가 초청 강의 같은 좋은 프로그램을 매달 기획하기 때문에, 정보만 밝으면 무료로 누릴 수 있습니다. 무엇보다 도서관은 평생 배움의 공간입니다. 아직 인근 도서관 회원증이 없다면 당장 그것부터 만드시기 바랍니다.

자신의
독서 페이스를 찾자

──── 독서에 대해 많이 받는 질문이 있습니다. "다독

하는 게 좋은가요, 그보다 적은 책을 정독하는 게 좋은가요?" 다독하려면 아무래도 빨리 읽어야 할 테니 이 질문은 속독(速讀)이 좋은가, 아니면 완독(緩督. 느리게 읽기)이 좋은가 하는 질문도 됩니다. 결론부터 말하면, "정해진 방법은 없다!"입니다. 그럼 어떻게 하느냐? 자신의 독서 페이스를 찾아라, 책에 따라 그리고 책 읽는 목적에 따라 페이스를 조절하라, 이것입니다.

대표적인 속독파와 완독파의 이야기를 들어보겠습니다. 다치바나 다카시 같은 맹렬한 속독가들은 책 한 쪽에 약 3초가 걸리고 300쪽짜리 책을 10분이면 읽는다고 말합니다. 물론 그도 소설 등은 이렇게 속독으로 읽을 수 없다고 하는데, 그래서 그런 책은 시간 낭비이니 읽지 말라고 할 정도입니다. 그는 정보를 호흡하고 배출하는 '고도의 정보 인간'이 되어야 한다고 말합니다. 그 자신도 실제로 엄청난 논픽션과 칼럼을 쏟아내는 '생산력'을 자랑하고 있죠.

반면『천천히 읽기를 권함』을 쓴 야마무라 오사무나『책 읽기의 달인, 호모 부커스』의 이권우는 완독파입니다. 야마무라 오사무는 누구나 자기 생활에 고유한 시간 사이클이 있게 마련이고, 생활의 시간 사이클에 의해 책을 읽는 방법은 저절로 형태를 갖추게 된다고 합니다. 생활 속에 독서가 있는 것이지 독서가 생활을 지배해서는 곤란하다는 것이죠.

그래서 오사무는 밤에는 잠을 자고 낮에는 일하며 가족들과 대화하고 밥 먹을 땐 밥을 즐겨야 한다고 합니다. 책을 읽을 땐 월요일에 시작하여 느긋하게 주말까지 읽으며, 할 수 있는 한 음미하며 읽는다고 합니다. 이권우도 "완행열차가 느리게 가기에 풍광을 즐길 수 있지 않던가. (…) 책장을 천천히 넘길수록 우리는 더 풍요로워진다. 간이역마다 서는 완행열차처럼 읽어야 한다."라고 합니다.

저는 독서에는 여유와 사색이 꼭 필요하다고 생각합니다. 충분히 음미하고 다시 읽고 정리할 때 독서의 참맛을 느낄 수 있고 생각의 힘도 길러지기 때문이죠. 워낙 경쟁력이 강조되는 시대다 보니 독서에도 속도 경쟁이 강요되고 있어서 주체적인 책 읽기를 가로막고 있습니다. 모두가 다치바나 다카시처럼 '고도의 정보 인간'이 될 수도 없으며 또 그렇게 되는 것이 바람직하지도 않습니다.

특히 정보성이 떨어진다는 이유로 문학을 읽지 않는 것은 말이 되지 않지요. 톨스토이의 『안나 카레니나』에는 거의 열 쪽이 넘도록 농부들의 건초 베는 장면이 나오는데, 여기서 얻을 수 있는 정보는 물론 제로에 가깝습니다. 하지만 그 치밀한 묘사를 천천히 따라가다 보면, 광활한 러시아의 자연과 농부들의 억센 근육, 그들의 땀 냄새, 소박한 삶의 태도에 몰입하게 됩니다. 이때 우리는, 인간은 땅에 발을 딛고 공동체 속에 살아가야 한다는, 새삼스럽지만 너무나 강렬한 진리 앞에 겸허해지게 됩니다. 문학은 천천히 읽는 게 좋은데 그래야 정보의 효용으로 따질 수 없는 감동을 얻게 됩니다.

그러나 모든 책을 정독하고 느리게 읽어야 하는 것은 아닙니다. 특히 한 분야에 대해 여러 책을 볼 때는, 주요 저서는 정독을 하되 참고 도서는 빨리 읽거나 발췌해서 읽어도 무방합니다. 가령 존 스튜어트 밀의 책을 읽을 때, 『자유론』이나 『공리주의』는 줄을 그어가며 정독하더라도 밀 사상의 개론서, 밀의 생애, 그에 대한 논평들은 말 그대로 참고자료이기 때문에 필요하면 속독이나 발췌독을 하는 거죠. 한 권의 책에서도 가볍게 넘어가도 될 부분과 시간을 들여 꼼꼼히 읽어야 할 부분은 나뉘게 마련입니다. 실용서나 자기계발서의 경우 대부분 20%의 주제부를 80%에 걸쳐 변주한다고 볼 수 있는데, 다른 책에서 읽어 아는 부분은 조금 빠르게 넘어가고 중요한 부분에 에너지를 집중하는 것도 효율성을 높이는 방법입니다.

이럴 때 필요한 것이 '능동적 독서 전략'입니다. 능동적 독서 전략은 우리의 사고 능력 가운데 '메타인지적 사고(meta-cognition)'를 전제로 합니다. 메타인지적 사고란 마치 컨트롤 타워에서 전체를 조정하듯 자신의 지적 활동을 조망하면서 평가, 반성, 조절하는 것입니다. '어려운 대목이군. 밑줄을 쳐가며 정확히 읽자.' '가볍게 넘겨도 되겠군. 뛰어 넘으며 읽자.' 독서를 잘하는 사람은 이런 사고가 뛰어납니다. 그들은 독서 계획을 세우고 때때로 계획을 점검하며 집중해야 할 부분과 휴식하듯 넘어가야 할 부분을 구분하고 잘 이해되지 않으면 반복해서 읽는 등 다채로운 전략을 실행합니다.

마라톤 선수들은 남의 속도에 조급해하지 않고 자기 페이스를 지키며 달립니다. 하지만 지형이나 굴곡에 따라 효과적인 전략을 찾아내어 페이스를 조절하기도 합니다. 속독이냐 완독이냐, 다독이냐 정독이냐 하는 것은 결국 얼마나 능동적이고 주체적인 독서를 하느냐의 문제입니다. 책에 따른 독서 전략에 대해 일찍이 프랜시스 베이컨이 한 말이 있습니다. "어떤 책은 음미해야 하고 어떤 책은 삼켜야 하고 극히 일부는 씹어 소화시켜야 한다."

그리고 독서에 막 흥미를 붙이려는 사람들은 가벼운 책을 다독하는 것이 좋습니다. 그래야 독서의 자신감도 생기고 이후의 독서를 위한 배경지식도 늘게 되니까요. 이어 어려운 책을 정독하며 독서력을 키워 가면 됩니다.

밑줄 긋고
메모하고 정리하자

─────── 밑줄 긋고 메모하고 정리하는 데 시간이 너무 든다, 차라리 그 시간에 한 권이라도 더 읽는 게 좋다는 의견도 있지요. 독서 흐름이 끊긴다고 싫어하거나, 책이 더러워지는 것을 정서적으로 못마땅해 하는 분도 계시구요.(도서관에서 빌린 책에는 당연히 밑줄을 그으면 안 됩니다!)

저는 책을 읽을 때 펜으로 동그라미, 밑줄, V표시, ?표시, *표시, 번호 붙이기 등을 하고, 의문이나 아이디어를 간단히 여백에 적습니다. 이렇게 하는 데 많은 시간이 들지는 않습니다. 간혹 선을 그을 때 꼭 자를 대어야 한다는 분, 형광펜과 색깔 펜을 쓴다는 분도 계신데 각자에게 맞는 방식이 있는 것이지만 저는 거기까지 권하지는 않습니다. 밑줄과 메모는 독서를 보조하기 위한 것이므로 주객이 전도되면 안 된다고 생각합니다.

그래도 시간이 너무 든다고 생각한다면, 시간 대비 효용을 보자고 하고 싶네요. 밑줄 그으며 읽을 때 좋은 점은 그렇게 하지 않을 때보다 이해도가 확실히 높아진다는 겁니다. 특히 어려운 부분에서는 국어 교과서에 밑줄 그으며 읽듯 읽는 것이 좋습니다. 주요 개념에는 동그라미를 치고 *표를 합니다. '왜냐하면' '따라서' '그러므로' 등의 접속어에도 동그라미를 치고, 이 접속어의 앞뒤로 인과 관계, 근거와 결론의 관계를 파악하여 결론에 밑줄을 칩니다. '이 주장에 따르면' 같은 말이 나왔을 때 '이 주장'이 앞에 나온 무엇을 받는지 확인하여 선으로 연결합니다. 이해가 안 되거나 의문이 들면 옆에 물음표를 붙입니다. 이 과정 자체가 능동적인 독해 과정입니다. 어려운 부분을 눈으로만 읽었을 때는 오독 가능성이 커지고, 이해가 안 되어 몇 번 반복해서 읽어야 한다면 그것이 더 시간 손실입니다.

책을 다 읽고 밑줄과 메모 중심으로 다시 보면 전체 논지와 흐름이 파악됩니다. 그것을 독서 노트나 독서 파일로 정리합니다. 시간이 지난 후에도 이 파일을 보면 책의 내용을 생생하게 떠올릴 수 있지요. 사람의 뇌는 책을 읽고 9시간이 지나면 60%를 잊어버리고 1주일이면 90% 이상을 망각합니다. 하지만 조금만 시간을 투자하면 이처럼 뛰어난 기억보조장치를 가질 수 있습니다. 나폴레옹은 '서랍장과 같은 두뇌'를 가졌다고 평가받는데, 이는 그가 광범위한 독서에 더해 발췌하고 정리하는 훈련을 늘 해왔기 때문입니다.

밑줄과 메모하는 기준은 사람마다, 그리고 글을 읽는 목적마다 다르긴 합니다. 책의 핵심 내용 파악하기, 좋은 구절이나 잠언 얻기, 필요한 정보 모으기 등이 목적이 될 것입니다. 목적이 분명하면 좀 더 효율적으로 표시를 할 수 있습니다. 모든 문장마다 다 줄을 친다면 안 친 것과 별 다를 게 없겠지요.

밑줄과 메모를 정리할 때, 단순히 옮겨 적지만 말고 자신의 해석과 논평, 질문을 덧붙이는 것이 중요합니다. 발췌-논평 과정은 책을 내 것으로 만들면서 새로운 지식으로 한 단계 발전시키는 것입니다. 다산 정약용이 500권이 넘는 방대한 저술을 남길 수 있었던 비결도 바로 이 발췌-논평에 있습니다. 그는 수많은 경전, 역사, 용례 등을 목적의식적으로 발췌하고 거기에 평을 달아 정리하면서 책을 썼습니다. 그 하나의 예가 『흠흠신서』입니다. 다산은 조선에서 살인 사건의 조사 및 처벌이 너무나 형식적으로 이뤄지면서 무고한 백성들이 다치는 것을 안타까워하여 이 책을 썼습니다.

다산은 먼저 중국과 조선의 살인 사건의 자료들을 조사합니다. "고려 우왕 시절 경산부의 수령 이보림이 길을 가다가 여자의 울음소리를 들었다. 이보림이 "곡성이 슬프지 아니하니 반드시 부정이 있다."하고 데려다 신문하니 바람피운 남자와 함께 남편을 모살했음이 밝혀졌다." 다산은 이 대목을 옮겨 적으며 "필시 우리가 모르는 다른 판단 근거가 있었을 것이다. 이보림의 신통력 때문이라 할 수는 없다."라고 덧붙입니다. 즉 다른 증거도 없이 울음소리만 가지고 사람을 심문하는 이런 사례를 훗날의 관리들이 섣불리 참고할까 봐 경계했던 것이지요. 백성의 인권을 걱정한 다산의 면모가 드러납니다. 다산의 발췌-논평은 비판적 독서를 통한 지식 창조의 한 모델입니다.

책에 대해 말하고 글을 쓰자

─────── 늘 책에 대해 떠들어야 합니다. 가족과 친구와 동료에게, 온라인과 오프라인에서, 사적인 자리이든 독서 모임을 통해서든 말이지요. 요즘 어떤 책을 읽고 있는지, 그 책 어디가 좋았으며 어떤 의문이 들었는지, 자신이 좋아하는 작가는 누구인지, 어떤 책을 읽고 싶은지, 추천하고 싶은 책은 무엇인지, 최근의 이슈와 관련 있는 책은 무엇인지 등등. 그리고 책을 읽었으면 꼭 글을 씁시다. 블로그나 미니홈피에 서평이나 에세이를 올리는 것도 좋습니다.

말하기와 글쓰기를 전제하고 읽으면 독해가 더 잘되고 기억력도 배가됩니다. '이 개념을 뭐라고 설명할까?' '책의 핵심 주제를 어떻게 표현할까?' '무엇을 강조해야 할까?' 하는 물음으로 인해 더 적극적으로 책을 파고들게 됩니다. 또한 『책 읽는 책』의 박민영의 말처럼 "책읽기는 산출이 투입을 결정"합니다. 말과 글로 표현하다 보면 생각이 깔끔하게 정리되고, 읽는 동안에는 미처 몰랐던 의미까지 발견하게 되니까요.

독서로 머리에 들어온 정보는 말하기와 글쓰기를 통해 창조적 사고로 숙성됩니다. 그래서 선진국의 교육 과정에서는 독서 토론과 독서 에세이가 어떤 과목보다도 중요하게 인식되고 있습니다. 에이브러햄 링컨 대통령과 버락 오바마 대통령의 공통점은 분야를 넘나드는 다양한 독서와 함께 오랫동안 훈련된 글쓰기 실력이라고 하지요. "국민의, 국민에 의한, 국민을 위한 정부"라는 링컨의 게티즈버그 연설문이나 '담대한 희망'을 역설한 오바마의 전당대회 연설문은 독서-글쓰기-말하기를 하나로 빛나게 하는 사례입니다.

또한 책에 대해 많이 표현할수록 책을 좋아하는 사람들이 주변에 모이고 자연스럽게 독서 네트워크가 형성됩니다. 이 네트워크에서 다양한 시각과 지식은 서로 교류하게 됩니다. 『게놈』, 『붉은 여왕』의 과학저술가 매트 리들리는 이런 지식의 교류 현상을 '아이디어 섹스'라고 부릅니다. 돌

도끼는 백만 년 동안 거의 변화가 없었던 것에 비해 마우스는 5년마다 첨단 제품으로 바뀌는 이유는 오늘날 아이디어들이 놀라운 속도로 교환하고 섞이기 때문이라고 합니다. 독서 네트워크 속에 머무는 것은 창조의 샘 속에 있는 것과 같습니다.

저는 책에 대해 떠드는 문화가 인간다운 문화라고 생각합니다. 예전 대학가에는 선배가 후배를 만나면 언제나 "요즘 무슨 책 읽니?"를 묻곤 했어요. 저도 그런 영향을 받아 후배들에게 그런 인사를 했습니다. 무슨 책을 읽는다고 하면 그 책에 대해 대화를 나누기도 하고 또 다른 책을 서로 추천해 주기도 하며, 마음이 내키면 그 자리에서 책 한 권을 사서 선물하기도 하고요. 돌이켜보면 그게 정말 고차원적인 정신적 교감이었던 것 같습니다. 그 사람이 읽는 책을 물어보면 그 사람이 어떤 사람인지, 지금 어떤 고민을 하는지도 알게 해주니까요. 반면 최근엔 책에 대한 대화를 찾기 힘들어요. 대화의 소재는 주로 TV의 연예 프로그램 아니면 영화나 인터넷 유머들이죠. 우리는 정말 기 드보르가 말한 '스펙터클의 사회'에 살아가는 소극적 방관자가 되고 마는 것 같습니다. 우리 사회를 열정적이고 사려 깊은 사회로 발전시키려면 이 질문부터 살려내야 합니다. "요즘 무슨 책 읽나요?"

6

필독서는 없다

많이 거론된 책은 일단 유행이 지나간 후에 읽기를 좋아합니다.
— 발터 벤야민

고3 시절을
버티게 해준 책이 뭐냐고?

───── 대학에 갓 입학해 오리엔테이션을 하는데 선배들이 설문지를 나눠줬어요. 명색이 국문과라서 그런지, 설문지에는 '자신에게 영향을 준 책을 적어보라.'는 문항이 있었습니다.

 좀 지적으로 보일 만한 책을 골라야 하지 않을까 한참 고심을 했습니다. 고등학교 시절 문학 청소년으로 이름 날리는 사람도 많지만, 저는 입시 공부를 핑계로 예전보다 오히려 책을 많이 읽지 못했어요. 그래도 『호밀밭에 파수꾼』이라고 할까, 이은성의 『소설 동의보감』이라고 할까, E.H 카의 『역사란 무엇인가』로 할까, 이만하면 수준 있어 보이겠다 싶은 책들을 떠올려 보았습니다. 하지만 결국 제가 적은 책은 『슬램덩크』였습니다.

『슬램덩크』는 우리나라에 길거리 농구 붐을 몰고 온 일본 농구만화입니다. 농구의 '농'자도 모르는 단순무식 풋내기 강백호가 좌충우돌하며 멋진 농구선수로 성장해가는 내용이죠. 그때 옆 친구가 뭐라고 썼는지 흘낏 보았더니 도스토예프스키의 『죄와 벌』이라는 거예요. 확실히 비교되었을 겁니다. 저는 선배들이 바라는 '똑똑한 놈'에서 일단 열외가 된 셈입니다.

참고로 말하자면 저는 미학에 어느 정도 객관적 기준이 있다고 생각합니다. 아름다움은 다 주관적이라면서 『슬램덩크』와 『죄와 벌』을 비교할 수 없다고 생각하지 않아요. 『죄와 벌』이나 『호밀밭의 파수꾼』은 분명 『슬램덩크』보다 미학적으로 뛰어난 작품입니다. 다만 설문 문항은 '가장 뛰어난 책'이 아니라 '영향을 준 책'을 묻고 있었습니다. 고 3 시절, 다른 사람들처럼 저도 스트레스와 좌절감에 시달렸습니다. 원하는 만큼 성적은 안 오르고, 실패의 두려움은 자꾸만 커져가고……. 이럴 때 『슬램덩크』의 주인공들은 포기를 모르는 단순함, 실패를 두려워 않는 용기, 발랄한 유머로 제게 큰 힘이 되었어요.

살아가면서 어떤 때에, 우리의 몸이, 머리가, 아니 영혼이 어떤 책을 갈구합니다. 바로 그런 때에 내게 달려온 책, 내 손을 잡아준 책이 있기 마련입니다. 소년 시절 제 마음을 흔든 책을 하나 꼽으라면 안네 홀름의 『나는 데이빗』을 들겠습니다. 지금은 구하기도 어려운 책인데, 수용소에서 태어나 자란 소년 데이빗이 그곳을 탈출해 엄마를 찾아가는 이야기로, 데이빗은 길에서 만난 모든 것에 두려움과 호기심을 느끼며 용기와 사랑을 배워갑니다. 지금도 그 이유를 정확히 설명할 수는 없지만, 이 책을 읽으며 참 많이 울었습니다. 스무 살 무렵에는 사르트르의 『지식인을 위한 변명』과 『전태일 평전』이, 사회에 나갈 때는 사마천의 『사기』가, 서른이 넘었을 때 『숫타니파타』와 『논어』가 느닷없는 선물처럼 다가왔습니다.

물론 우리는 『슬램덩크』보다 멋진 책들도 많이 읽어야 합니다. 그러나 어떤 책이 좋은 책이냐고 묻는다면 저는 할 말이 있습니다. 바로 이 순간, 내가 처한 상황에서, 내게 간절히 필요한 책, 내게 꿈과 용기를 주는 책, 나 자신을 긍정하게 하는 책, 나를 자극하고 생각하게 하는 책이 바로 좋은 책입니다. '필독서 목록'에 들어 있다고 좋은 책이 아니라, '나를 위한 책'이 좋은 책입니다.

좋은 책은
나를 위한 책이다

───── 좋은 책은 각자에게 다를 수밖에 없으며 또 한 사람에 있어서도 인생의 시기마다 달라집니다. 말하자면, 양서의 기준은 '적서(適書)'입니다. 『생활의 발견』을 쓴 중국의 임어당도 이렇게 말했습니다. "만 사람이 반드시 읽어야 한다는 책이란 이 세상에 없다. 다만 어떤 사람이, 어느 때, 어느 곳에서, 어떤 부여된 사정 아래서, 일생의 어느 시기에 읽지 않으면 안 될 책이 있을 뿐이다."라고요. 열여덟, 스무 살에 좋아 미치던 책을 마흔, 쉰 살에도 그렇게 좋아하리란 법은 없으며, 젊은 시절 읽다가 집어던진 책을 나이 들어 다시 읽고 큰 깨달음을 얻는 일도 얼마든지 있습니다.

그런 책을 찾았을 때 우리는 전류가 몸을 타고 흐르는 경험, 머릿속이 하얗게 되고 심장이 빨라지는 경험을 하게 됩니다. 공자의 말마따나 밥 먹는 것도 잊고 근심걱정이 다 사라져, 나이 먹었다는 사실조차 모르고서 방방 뛰게 되고, 반대로 깎아지른 낭떠러지에 선 듯한 서늘한 기분을 느끼기도 합니다. 그런 경험은 한 사람의 인생을 바꾸기도 합니다. 그런 책과의 만남은 진정 '인연'입니다.

하인리히 슐리만에겐 호메로스의 『일리아드』가 그런 책

이었습니다. 그는 어려서 잠들기 전 부모님으로부터 『일리아드』 얘기를 들었고, 반드시 트로이를 찾아내겠다고 결심하죠. 사람들이 그저 신화라고 비웃어도 그는 그 일에 평생을 바치기로 합니다. 그는 발굴에 필요한 자료를 공부하기 위해 먼저 언어를 익혔습니다. 자그마치 15개 국어를 마스터한 그는 마지막으로 그리스어를 배워 『일리아드』를 원전으로 다시 읽습니다. 그리스어를 마지막에 배운 이유는 발굴에 필요한 돈을 충분히 벌기까지는 본격적으로 일에 착수하지 않기 위해서였다고 해요. 석 달 동안 일리아드를 읽으며 성벽, 신전, 왕궁, 통로 하나하나까지 생생하게 머릿속에 그려 넣은 그는 바닷가를 거닐면서 트로이의 모습을 떠올리고 또 떠올립니다. 그는 결국 트로이를 찾아내 세상을 놀라게 합니다.

악성 베토벤은 작곡가로서 인기가 절정에 이른 32세에 갑자기 귀가 멀게 됩니다. 음악가로서 귀가 먼다는 것은 사형선고나 다름없었기에 모든 것을 포기한 베토벤은 자살을 결심하고 유서를 쓰기에 이릅니다. 죽기를 마음먹고 지내던 그는 우연히 한 권의 책을 읽습니다. 그 책은 『플루타르크 영웅전』이었는데, 그는 그 책에 있는 한 마디를 보고 마음을 돌리게 됩니다. "사람은 무엇이든 좋은 일이 이루어지고 있는 동안에는 계속 살아야 할 이유가 있다." 베토벤은 이 구절을 읽고 고통 속에서 다시금 희망을 발견하게 되고, 좌절감에서 벗어나 〈전원〉, 〈합창〉, 〈운명〉, 〈영웅〉 등의 걸작을 창작합니다.

발명왕 에디슨이 어렸을 때 결정적인 영향을 미친 책은 파커의 『자연 과학의 학교』란 책이었습니다. 그는 이 책을 읽으면서 파커가 발견한 것들을 모조리 직접 실험해보기에 이르죠. 책에 나오는 대로 그는 간단한 기압계를 만들어 보고, 지렛대와 도르레의 원리를 이해하며, 태양계에 대한 지식도 배우게 됩니다. 그는 파커의 이 한 마디를 평생 가슴에 새기게 됩니다. "인간은 자연의 무한한 작용을 뒤덮고 있는 장막을 조금 들어 올렸을 뿐이다. 만약 인간이 자연의 실험실 구석구석을 살필 수 있다면, 더욱 많은 불가사의한 일을 찾아낼 것이 틀림없다."

흔히 생각하는 그런 책은 아닙니다만, 전태일 열사에게는 「근로기준법」이 인생을 바꾼 책입니다. 재단사였던 전태일은 평화시장의 어린 여공들이 하루 16시간씩 환풍기도 없는 미싱 공장에서 일하는 모습을 보고 가슴 아파한 나머지 "우리는 기계가 아니다!" "근로기준법을 준수하라!"하고 외치며 분신했습니다. 그는 「근로기준법」을 알게 된 후 "세상에는 우리 같은 노동자를 위한 법도 있구나! 우리에게도 권리가 있구나!"라고 외치며 환희를 느꼈고, 초등학교 학력으로는 너무 어려웠던 한자투성이 책을 밤을 새워 읽어나갔지요. "대학생 친구 하나 있었으면……."하고 안타까워하면서요.

얼마나 미학적이냐, 얼마나 멋진 문체로 썼느냐, 얼마나 많은 사람들이 읽었느냐……. 이런 것이 책의 본질은 아닙니다. 심지어 저자의 의도가 그게 아니었다 해도 사람의 눈을 뜨게 해 주는 책, 생각 없이 살아온 나의 뒤통수를 땅 치는 책이 있지요. 우리의 독서는 바로 이런 책을 만나기 위해 떠나는 여행과도 같습니다. 이런 책을 만나면 우리는 자신을 구원하게 되고, 살아갈 힘을 얻고, 세상을 보다 아름답게 만들기 위해 할 수 있는 일을 찾게 됩니다.

이건 명작이고 베스트셀러니까 필독서다, 필독서니까 읽어야 한다, 필독서를 안 읽으면 교양이 없는 것이다, 뒤떨어지는 것이다……. 이런 논리로부터 자유로워졌으면 좋겠습니다. 20세기의 탁월한 문예 비평가 발터 벤야민은 "많이 거론된 책은 유행이 지난 다음에 읽기를 좋아합니다."라고 말했습니다. 베스트셀러를 대할 때 주체적인 시각을 강조한 것이지요. 3만 5000권을 읽었다는 논픽션 작가 다치바나 다카시는 고전에 대해 이렇게 말합니다. "고전이란 어떤 메시지를 전달하는 매체로서 그 역할을 다하는 것이 아니라, 그 책 자체가 토론의 대상이 되어, 서로 이야기를 나눌

때의 소재로 활용되기에 적절한 책만이 진정한 의미의 고전으로서 살아남게 되는 것이라고 생각합니다." 고전이니까 덮어놓고 따라갈 것이 아니라, 오늘날에도 생각할 거리를 던져주는 책을 스스로 찾아야 한다는 뜻이겠지요.

우리는 '평생 독서'를 좌우명으로 살아가야 합니다. 남들이 칭찬하는 책이라 하더라도 초조해하며 쫓아갈 게 아니라, 좋은 책은 나 스스로 찾겠다는 주체적 자세를 가졌으면 합니다.

나를 위한 책, 어떻게 찾을 것인가?

─── 좋은 책은 나를 위한 책이며, 필독서 목록이나 양서의 기준에 전적으로 달려 있는 것이 아니라면, 우리는 어떻게 좋은 책을 찾아야 할까요? 저는 아래의 세 가지 방법을 권하고 싶습니다.

하나, 손과 마음이 가는 대로 읽는다
둘, 한 관심사로 파고들어 읽는다

셋, 나를 불편하게 만드는 책을 읽는다

어떤 책을 읽으면 좋은지 추천해달라는 분들이 많습니다. 이런저런 책을 추천해주기는 하지만 저는 언제나 이렇게 말합니다. "당신의 직관을 믿고, 손이 가는 대로, 느낌이 오는 대로 읽는 것을 두려워마세요!"

도서관에서 고르든 서점에서 사든, 너무 깊게 고민하는 것은 시간을 허비하는 것입니다. 필독서도 좋고 베스트셀러도 좋지만, 우선 마음이 이끄는 대로 몸을 맡기세요. 이유를 설명할 수 없어도 '이거다' 싶은 책을 그냥 붙잡으세요. 우연의 선물을 즐기세요.

악서를 멀리하고 양서를 읽으라고 하지만, 이 역시도 생각해봐야 합니다. 무엇이 양서이고 무엇이 악서인지 접해보지 않고 어떻게 알 수 있나요? 그것이 보물이라 해도 내게도 꼭 그런 것은 아니며, 그것이 해골이라 해도 원효대사에게는 깨달음의 출발점이 될 수 있었습니다. 헤르만 헤세는, 자신의 취향에 불안해하며 믿지 못하고 소위 전문가와 권위자들이 내리는 판단을 터무니없는 존중하는 일은 잘못된 것이라고 했습니다. 그는 "최우수 도서나 최우수 작가 100선 같은 건 세상에 없다."라고 잘라 말합니다.

나를 위한 책이 무엇인지 가장 잘 아는 사람은 바로 나 자신입니다. 아니, 정확히 말하면 책을 읽기 전에는 자신도 자기가 진정 무엇을 원하는지 잘 모릅니다. 소설 한 권을 읽고 자기가 진정 원하는 일은 작가였음을 깨닫는 과학도도 있고, 직장 잘 다니다가 여행기 한 편을 읽고 자신의 꿈은 미지의 탐험가라는 걸 그때서야 아는 사람도 있습니다. 우연히 읽은 책 한 권이 인생을 바꿔놓는 것이지요. 저는 현경의 『결국은 아름다움이 우리를 구원할거야』를 읽고 작가가 되어야겠다고 결심했는데, 이 책은 글쓰기와 무슨 관계가 있는 책도 아닙니다. 그야말로 우연히 만난 책인데, 이 책은 제 내면에 이미 있던 글쓰기의 꿈을 찾는 데 큰 영향을 주었습니다. 특히 수피 시인 루미의 시는 내가 정말 원하는 것이 무엇인가 생각하게 했습니다.

비가 오면
당신은 더욱 아름답지.

당신은
한 번도 태어나지 않은
그 신선함.

그 아름다움 외엔

아무것도 나를
구할 수 없지.

나는 그 웅장함 속에서
길을 잃네.

　베스트셀러 목록이나 양서 목록, 서평 기자들의 리뷰를 무시하지는 마세요. 그것도 적절히 활용하면 많은 도움이 됩니다. 하지만 그것이 반드시 따라야 할 매뉴얼이라고 생각하지 마세요. "아무거나 읽지 말고 좋은 책을 읽어라."라는 근엄한 가르침에 주눅 들지 마세요. 아무거나, 손 가는 대로, 직관에 따라 책을 읽다 보면 처음에는 시행착오를 겪게 됩니다. 뭐 이런 책을 읽었을까, 시간 아깝다는 말을 하게 될지도 모릅니다. 그러나 중요한 건 그러면서 평생 독서의 안목이 길러진다는 겁니다. 나중엔 자신의 이름을 건 '추천도서 목록'을 당당하게 제시할 수 있게 됩니다.
　손과 마음이 가는 대로 읽다 보면 자신의 관심사를 발견하게 됩니다. 그것은 한 분야일 수도 있고 한 저자일 수도 있습니다. 그러면 이번에는 그 관심사로 파고들어 그 주제에 관련된 책을 닥치는 대로 읽어보기를 권합니다. 한 6개월 동안 이 주제를 파겠다고 마음먹고 읽으면 그 주제에 대한 기초적 개론서, 고전, 인물 평전, 역사, 논쟁, 현실적 대안 등을 총망라할 수 있으며, 자연스럽게 그 속에서 이거다 싶은 '좋은 책'도 찾아내게 됩니다. 세계적인 경영학자 피터 드러커도 이런 식으로 책을 읽었습니다. 그는 젊은 시절부터 3년마다 하나씩 주제를 선택해서 파고드는데, 경영학 외에도 통계학, 중세사, 일본미술, 문학 등 엄청난 분야에서 박사급의 체계적 지식을 쌓았다고 합니다. 한국소설가협회 회장을 맡기도 한 소설가 정을병은 아예 "독서대학을 나와라!"라고 말하지요. 그는 동서양 신화, 가족 계획, 한글 타자기, 난 등 온갖 주제를 오가며 파고들기로 유명합니다. 주제를 정하고 수십 권의 책을 읽으면 자연스럽게 그 분야의 전문가가 될 수 있다는 것이죠.

책을 두루두루 다양하게 읽는 것은 물론 좋은 일이지만, 저는 독서할 때 '균형감'을 너무 절대시하지 말자고 이야기합니다. 영양사가 짠 식단표처럼 독서에도 균형이 필요하긴 하나, 독서는 차변과 대변이 딱 떨어지게 맞아야 하는 대차대조표 같은 것은 아니지요. 독서는 어쩌면 일종의 '신내림'입니다. '그분'한테 좀 씌어야 하는 겁니다. 저는 한 분야에 꽂히면 그냥 미친 듯이 거기 파고들어도 좋다고 말합니다.

예컨대 신화에 꽂혔습니다. 그럼 한 1년 동안 신화 읽기에 올인해도 됩니다. 독서의 균형을 맞추려고 억지로 이것저것 읽지 않고, 운명처럼 나를 떠미는 힘에 몸을 맡겨도 좋다는 겁니다. 먹고 자고 신화만 읽다 보니 한국 신화, 중국 신화, 인도 신화, 그리스로마 신화, 북유럽 신화까지 마스터하고, 더 이상 책으로는 만족할 수가 없어 돈을 모아 신화 속 유적지로 배낭여행을 갑니다. 이쯤 되면 그는 신화에 대해 웬만한 학자 못지않게 정통하게 되고, 또 한 분야에 정통하다 보면 반드시 다른 분야와 통하는 길이 생깁니다. 무엇보다 이 몰입으로 인해 그의 인생이 달라졌다는 거죠. 신화학자 조지프 캠벨은 이런 말을 남겼습니다. "여러분만의 희열을 따르라. 영웅적인 삶은 각자만의 모험을 실행하는 것이다!"

그런데, 책을 일부러 '골고루' 읽을 필요는 없지만, 의식적으로 자신을 불편하게 하는 책도 찾아 읽어야 합니다. 어떻게 보면 읽는 이를 불편하게 하는 책이야말로 좋은 책입니다. 몰랐던 사회의 이면을 드러내 보여주는 책, 익숙했던 상식이 거짓임을 알게 하는 책, 나의 무지를 인정하게 만드는 책, 생각의 가시방석 위에 나를 올려놓는 책이 있습니다. 의식적으로 이런 책을 읽지 않으면 나를 아늑하게 해주는 책에만 파묻히게 됩니다.

젊은 세대들 가운데 자기계발서만 수십 권, 수백 권 읽는 사람이 있습니다. 물론 자기계발서에도 훌륭한 책이 있습니다. 그런데 이 책들은 공통적으로 문제를 '나'가 당장 바꿀 수 있는 일과 그렇지 못한 일로 나누고, 내가 당장 바꿀 수 있는 문제에만 집중하라고 말합니다. 다시 말해 다른 사람과 협력하고 연대해야 해결할 수 있는 문제에는 관심을 끄라고 하는 것이지요. 이런 사고에 익숙해지면 '나'의 범위를 넘어서는 문제에 대해서는 사고할 힘을 잃어버리게 됩니다.

그래서 우리는 나의 평소 식견과 관심사를 넘어서는 책들을 일부러 택해야 합니다. 관심사를 내 주변에 한정하지 말고 사회의 일, 인류의 일로 확장해야 합니다. 민주주의의 문제, 환경 문제, 세계화의 문제, 빈곤의 문제, 소수자의 문제, 국가 간 분쟁의 문제는 결국 이 지구를 공유하고 있는 모두의 문제입니다. 인문학(humanities)의 어원은 후마니타스(humanitas), 즉 '인간다움'이란 의미입니다. 로마 시대 테렌티우스의 희극에 나오는 한 노예가 "나도 인간이다. 따라서 인간사 그 무엇도 나와 무관한 것은 없다."고 말한 것에서 비롯되었지요. 타인과 인류 보편의 문제에 대해 고민할 줄 아는 능력과 감성이 우리를 인간답게 만듭니다.

그런 책들이 내 익숙한 일상을 깨고 머리에 자극을 주어 스스로 생각하게 해줍니다. 프란츠 카프카는 이렇게 말합니다.

"요컨대 나는 우리를 마구 물어뜯고 쿡쿡 찔러대는 책만을 읽어야 한다고 생각해. 만약 읽고 있는 책이 머리통을 내리치는 주먹처럼 우리를 흔들어 깨우지 않는다면 왜 책 읽는 수고를 하냔 말야? 책은 우리 내부에 있는 얼어붙은 바다를 깰 수 있는 도끼여야 해. 나는 그렇게 믿고 있어."

원숭이 네 마리가 있는 방의 천정에 바나나를 달아 놓고 실험을 했습니다. 원숭이가 바나나에 손을 뻗치면 천정에서 찬물을 끼얹었습니다. 시도하다가 계속 찬물만 얻어맞자 이 원숭이들은 바나나 먹기를 포기하고 말아요. 네 마리 중 한 마리를 내보내고 새로 한 마리를 들여보냈습니다. 새로 온 원숭이도 바나나를 먹으려고 손을 내밀자, 이제 세 마리의 원숭이들이 그 원숭이를 말립니다. 새로 온 원숭이가 그래도 바나나를 포기하지 않으니까 다른 원숭이들은 화를 내며 심지어 그를 때리기까지 해요. 원숭이를 한 마리씩 교체할 때마다 똑같은 일이 벌어졌고, 나중엔 새로 온 원숭이들만 남게 되었는데도 아무도 바나나에 도전하지 않게 되더라는 겁니다. 사람이 길들여지는 것도 이와 다르지 않습니다.
우리가 어떤 독서를 해야 하는지 생각해보게 됩니다.

좋은 책 찾기에
필요한 몇 가지 조언

하나, 베스트셀러를 고를 때는 극단적인 책은 피하라

우리는 동시대 사람들이 어떤 생각을 하는지, 다가오는 시대의 최신 지식은 무엇인지 알기 위해 베스트셀러를 읽습니다. 그런데 베스트셀러 가운데는 훌륭한 책도 많지만, 극단적인 논리로 사람들을 잘못 이끄는 책도 있습니다. '절대로', '반드시', '100% 확실히', '결단코' 같은 단어를 자주 사용하고, "~하기만 하라, 반드시 성공할 것이다." "성공하지 못했다면 아직 ~하지 않았기 때문이다." 같은 단정적 조건문을 많이 구사하는 책이지요. 사람들은 색깔이 확실한 책에 끌리는 심리가 있기 때문에 의심의 여지를 주지 않는 단정적인 책을 좋아합니다. 하지만 이는 저자가 자기의 주장이 갖는 한계나 보완점을 검토하지 않았다는 의미이기 때문에 도리어 공허하고 비현실적입니다. 게다가 독자에게 스스로 생각할 여지를 주지 않는다는 점에서도 문제가 있습니다. 혹 이런 책을 접하게 될 때는 저자가 주장하는 사실이 진실인지, 반대되는 사례를 생각해볼 수는 없는지, 함축된 의미에 문제는 없는지 살피며 비판적으로 읽어야 합니다.

둘, 좋은 번역서를 골라라

통계에 따르면 한국 출판 시장에서 번역서의 비중이 30% 이상으로 세계 최고 수준이라고 합니다. 양이 늘다 보니 번역의 질이 다소 떨어지는 책들이 있습니다. 번역투 문장, 어색한 수동형, 사물을 주어로 삼는 문장이 과도하게 많은 책들이지요. 습관적으로 번역투를 구사하는 책은 가독성을 떨어뜨리고 오독의 여지마저 많습니다. 번역투의 예를 몇 개만 들어보죠.

생각되어진다(be thought) → 생각했다
나라로부터의 부름(from) → 나라의 부름
요청에 의해(by) → 요청으로
부탁에도 불구하고(in spite of) → 부탁했지만
가장 중요한 것 중에 하나는(one of the most) → 가

장 중요한 것은

  분석이 지배적이다 → ~라고 분석하는 사람이 많다
  양보가 이뤄지지 않았다 → 그들은 양보하지 않았다

저도 번역을 하기 때문에 번역의 어려움을 잘 알고 있습니다. 번역은 단지 그 외국어 전공자라고 해서 잘할 수 있는 게 아니라 우리말 구사 능력이 필수입니다. 전에 이름만 대면 알 만한 출판사에서 내놓은 세계문학 한 권을 읽다가 번역이 너무 짜증이 나서 덮어버렸습니다. 50년 전에 쓰인 소설인데 말투가 조선시대보다 더 고루하고 직역체라 너무 딱딱한 거예요. 번역자 약력을 보니 유명 대학교의 영문과 교수인데도 그렇습니다. 책을 사기 전에 가볍게 넘겨보면서 이런 문장들이 자주 눈에 띈다면 그 책은 피하는 것이 좋습니다.

셋, 고전 해설서를 현명하게 이용하라

고전은 원전을 읽는 것이 당연히 좋지만, 해설서는 무가치하니 절대로 읽지 마라는 의견에는 동의하지 않습니다. 아직 독서 경험이 부족하거나 그 고전에 대해 전혀 아는 바가 없을 때에는 적당한 해설서로 입문한 다음 원전으로 발전해나가도 됩니다. 즉 좋은 고전을 만나기 위해, 그 고전을 흥미롭게 설명해주는 좋은 해설서를 발판으로 삼는 셈입니다. 해설서로 그 고전의 맛을 느끼면 결국에는 원전까지 찾아 읽습니다. 인터넷에서 맛보기 강의를 듣다가 전체 강의를 다 신청하는 것처럼 말이죠.

해설서가 무가치하다고 말하는 사람들은 원전을 접하기 전에 전문가의 관점에 포박당해 버려 주체적인 시각을 잃어버릴 수 있다고 우려합니다. 하지만 그 '전문가의 관점'은 고전 그 자체에도 있습니다! 고전이야말로 당대 최고의 전문가들이 자기 관점을 녹여 써낸 작품들이지요. 따라서 우리는 고전이든 그 해설서든 비판적인 의문을 품고 읽으면 되는 것이지 미리 겁먹을 필요는 없습니다. 오히려 해설서를 배격하는 태도는 역으로 원전을 신비화하는 태도로 이어질 수도 있으니 조심해야 합니다.

7

함께
읽으면
독서가
더 즐겁다

비판적 사고는 교육에서는 해방적 힘이며, 개인적 그리고
시민적 삶에서는 위력적인 자산이다.
— 미국의 델피 보고서

하나의 책,
하나의 시카고

──────── 매년 2월이면 신문 방송 기자들이 시카고 시청에
모여들어 발표를 기다리는 것이 있습니다. 바로 '하나의
책, 하나의 시카고(One Book, One Chicago)' 행사에
선정된 그 해의 책입니다. 시카고 시장이 나와서 그 책을 발
표하면 그것을 언론이 일제히 보도하고, 79개 도서관에 미
리 전달된 책 박스가 개봉됩니다. 서점마다 그 책을 전시하
고 시민들은 너도나도 책을 읽느라 분주해집니다. 책 한 권
으로 도시에 활기가 돈다는 게 가능할까? 시카고에선 그렇
습니다.

'하나의 책, 하나의 시카고' 운동은 2001년, 시카고 시립 도서관과 시 당국이 "시민 전체가 한 권의 책을 읽고 이야기를 나눈다면 어떻게 될까?"라는 물음이 씨앗이 되어 시작되었습니다. 최초로 선정된 책은 하퍼 리의 『앵무새 죽이기』였지요. 이 책은 1961년 퓰리처상 수상작인데, 인종 문제라는 예민한 주제를 다루는 책이기도 했습니다. 한 흑인 남성이 백인 여성을 강간, 폭행했다는 혐의로 체포되고, 그를 변호하는 백인 변호사의 어린 딸의 시선으로 작가는 이 과정을 바라봅니다. 작가는 이 책을 쓰다가 스스로 힘들어 원고를 눈밭에 던져버렸다가 나중에 다시 찾아오기도 했답니다.

  주최 측은 이 운동을 통해 시카고가 겪고 있는 인종 갈등 그리고 관용의 의미에 대해 모두가 생각해보기를 바랐습니다. 그리고 이 운동은 놀라운 성공을 거두었습니다. 도서관에 비치된 『앵무새 죽이기』 3,600여 권이 모두 대출된 것은 물론, 7주간 총 대출 건수가 6,500회에 이르렀습니다. 그전까지 이 책의 평균 대출 건수는 같은 기간 동안 140회 정도였다고 해요. 스타벅스 등 커피숍에서는 독서 클럽을 위한 자리를 만들면서 공짜 커피를 대접했고, 서점들은 책을 위한 특별 가판대를 만들었으며, 시는 독서 클럽 운영을 도와줄 독서 지도사들을 대거 파견하면서 또 2만 5000개의

앵무새 모양 리본도 시민들에게 제공했습니다. 인터넷에는 채팅룸이 개설되었으며, 변호사협회는 책의 한 장면을 따서 모의재판을 열었고, 책을 원작으로 한 영화도 다시 개봉되었습니다.

청소년에서 노인, 보수에서 진보, 인종주의자에서 인권운동가, 노동자와 경영자 할 것 없이 많은 사람들이 이 행사에 자발적으로 참여했어요. 카페, 식당, 도서관 등 곳곳에서 책에 대한 열띤 토론이 벌어졌습니다. 그 7주간 시민들은 읽고 생각하고 말하면서 서로를 이해해갔습니다. 책 한 권이 대도시 시카고를 하나로 묶었던 겁니다.

그 뒤로도 운동은 계속 이어졌습니다. 책 선정위원회가 구성되어 2월과 8월에 책을 발표하는데, 선정위원이 출판업자와 식사라도 하다간 바로 불법으로 적발될 정도로 선정 과정은 엄격하다고 합니다. 시카고 소재 대학에선 이 운동에서 선정된 책을 교양필수과목으로 삼기도 하고, 학생들은 책을 소재로 연극이나 토론회, 낭독회 등을 개최한다는군요. 한 고등학교 3학년생에게 기자가 이렇게 물었습니다. "책보다는 사실 영화가 더 재미있지 않나요?" 그랬더니 그가 이렇게 대답했어요. "영화의 감동은 기껏 1주일입니다. 책에 비할 바가 못 되죠. 전철에서 같은 책을 읽고 있는 시민을 보면 동질감마저 느끼게 되요."

이 운동이 직접적 원인인지는 모르겠지만, 시카고 시의 범죄율은 운동이 시작된 이래 계속 감소했다고 합니다. 게다가 매회 이벤트에 들어가는 시 예산은 고작 1억 원 남짓이라고 해요. 1억 원을 들여 도시의 삶의 질을 이처럼 개선할 수 있다면, 지자체들이 너도나도 이 운동에 동참해야 하겠지요.

실제로도 '한 도시 한 책 읽기 운동'은 점점 확산되어, 미국 240개 이상의 도시에서 전개된 것은 물론 영국과 캐나다 등으로도 퍼져나갔습니다. 우리나라에서도 몇 년 전부터 순천, 서산, 부산, 원주, 대구, 대전 등 여러 지자체와 도서관에서 이 운동을 벌이고 있지요. 지자체 차원이 아니라 민간 차원에서도 이 행사가 열린 적 있습니다. 2007년 연구단체 '수유+너머'의 제안으로 진행된 '시민책읽기프로젝트'가 그것이었지요. 그 당시 선정된 책은 『88만원 세대』 등 우리 사회의 젊은 세대들이 느끼는 '불안감'에 대한 것들이었습니다. 무엇이 우리를 불안하게 하는가, 우리는 어떻게 그 불안을 이겨낼 것인가, 이런 주제로 많은 시민들이 생각하고 토론할 수 있었던 기회였습니다.

이처럼 함께 읽는 책은 단순한 책이 아니라 변화의 씨앗이 될 수 있습니다. 오랫동안 독서란 개인이 혼자 하는 것이라는 통념이 지배적이었지만, 이제 함께 읽기 그리고 책에 대해 토론하기는 무시할 수 없는 독서 흐름으로 자리를 잡고 있습니다.

독서의 역사와 함께 읽기

─────── 도서관에서, 서재에서, 벤치에서, 지하철 안에서 홀로 조용히 책을 읽는 사람. 이 이미지가 독서를 대변한다고 보통 우리는 생각합니다. 하지만 사실 '개인적인 독서'라는 생각은 근대의 산물입니다.

과거의 독서는 기본적으로 낭독이었습니다. 서구에는 10세기 전까지 묵독이 보편화되지 않았어요. 독서는 수도원에서든 도서관이나 서재에서든 누군가 소리 내어 읽고 주변 사람들이 그것을 듣는 집단적인 행위였습니다. 과거 우리나라의 젊은 선비들도 글을 읽을 땐 꼭 낭독을 했지요. 젊은 선비들이 밤에 낭랑하게 글을 읽으면, 그 소리에 이웃 처녀들이 가슴을 설레곤 했습니다.

낭독이 강조된 이유는, 활자로만 적힌 단어들은 목소리로 생명을 불어넣지 않으면 죽어 있는 거라고 여겼기 때문입니다. 고대 수메르인은 "책장에 쓰인 단어는 아무런 움직임도 없이 죽어 있지만, 큰 소리로 외쳐지는 단어는 날개를 달고 훨훨 날아간다."고 했습니다. 소크라테스도 젊은 제자 파이드로스에게 "말을 글로 써놓고 나면 그것은 고정적이고 획일적인 내용만 줄 뿐"이라고 가르칩니다. 따라서 혼자 책을 읽으면 의미를 제대로 파악할 수 없으며 심하면 완전히 왜곡할 수도 있다고 여겼던 것이지요. 심지어 중세의 수도자들은 묵독을 악마의 소행으로 보기도 했습니다. 성 에마뉘엘은 어느 날 그의 일기에 "오늘 무서운 것을 보았다. 서재에 들어가니 조카가 소리를 내지 않고 책을 읽고 있었다."라고 썼습니다.

묵독이 떠오른 것은 활판인쇄술이 발명되고 책이 대중화된 이후입니다. 활판인쇄기로 루터 성서가 찍혀 나오면서 신과 인간 사이 유일한 대리자를 자처한 가톨릭교회의 권위가 추락했는데, 아이러니한 것은 활판인쇄기를 유럽 각 지역에 보급한 것이 다름 아닌 가톨릭교회라는 사실입니다. 교회가 그렇게 한 이유는 교회의 돈벌이 수단인 면죄부를 대량으로 찍어내기 위해서였죠. 그 일이 마르틴 루터를 분개하게 만들어 95개조 반박문을 쓰고 라틴어 성서를 독일어로 번역하게 하는 계기가 되었구요. 성서가 집집마다 보급되면서 성직자의 낭독을 듣지 않고도 혼자 성서를 읽을 수 있게 되었습니다. 이 과정을 통해 독서는 개인화되었고, 지적 활동은 집단의 통제로부터 벗어나 개인의 영역이 되었지요.

그러나 묵독 이외의 방법, 즉 함께 읽기의 유산은 여전히 남아 있었습니다. 19세기 쿠바에서는 글을 못 읽는 노동자들을 위해 '독사(讀師)' 제도가 있었습니다. 독사란 노동자들이 일하는 동안 옆에서 책을 읽어주는 사람입니다. 독사는 소설이며 신문, 심지어 정치경제학 입문서까지 읽어주었는데 반응이 무척 뜨거웠다고 합니다. 그러자 노동자들이 불순해질 것을 염려한 쿠바 총독이 독사 제도를 엄금하는 칙령을 내리기도 했어요.

작가들도 사람들에게 책 읽어주는 자리를 좋아했습니다. 장 자크 루소는 자신의 『고백록』이 당국에 의해 금서가 되자 파리의 집집을 방문하며 거실에서 낭독회를 가졌어요. 찰스 디킨스는 스포트라이트를 즐기는 인물이었는데, 자기 작품의 낭독회가 잡히면 몇 주 전부터 이를 준비했다고 합니다. 이 대목에서 어떤 목소리를 낼지, 시선은 어떻게 처리할지, 제스처는 어떻게 할지, 이런 것들을 연습하느라고요.

영국 런던에는 거의 4백 년 된 커피숍이 아직 있는데, 그 시대의 시민들은 이곳에 모여 당시의 논쟁적인 책이나 사상에 대해 열띤 토론을 벌였다고 합니다. 유럽 곳곳에서 이런 카페나 클럽이 계몽사상과 시민혁명의 배후가 되었습니다. 시민들이 토론하고 서로의 생각을 섞으면서 새 시대에 대한 상상력이 점점 커져갔던 것이지요. 위대한 아이디어는 한 사람의 위인으로부터 나온 것이 아니라 이처럼 떠들썩한 토론 속에서 만들어졌습니다. 우리의 생각이 뇌의 네트워크에서 나오듯, 생각들이 네트워크로 교류하면 더 놀라운 생각으로 발전하게 됩니다. 이러한 '아이디어 네트워크'의 역할을 하는 곳이 바로 독서 클럽입니다.

독서 클럽은 창조성과 시민의식의 모태다

──── 그런 의미에서, 20세기를 대표하는 과학자 아인슈타인을 만들어낸 곳도 어쩌면 독서 클럽일지 모릅니다. 아인슈타인은 젊은 시절 스위스 베른의 특허국에 취직한 후 동료들과 '올림피아 아카데미'라는 독서 클럽을 만듭니다. 그들은 매주 한 번씩 책을 읽고 모여서 밤 늦게까지 토론에 몰두하는데, 그들은 과학 책보다도 오히려 철학에 몹시 심취했다고 합니다. 스피노자의 『윤리학』, 데이비드 흄의

『인간 본성에 대한 논고』, 존 스튜어트 밀의 『논리학 체계』, 앙리 푸앵카레의 『과학과 가설』, 마흐의 『감각의 분석』 등을 읽으면서 그들은 한 문장을 놓고 몇 시간씩 그 의미에 대해 격론을 벌이기도 했다지요. 아이슈타인은 그 당시를 이렇게 회고했습니다. "우리는 당시 베른의 즐거운 아카데미에서 기막히게 즐거운 시간을 보냈다." 우주에 대한 생각을 뒤흔든 그의 위대한 아이디어는 그 즐거운 토론 속에서 조금씩 성장하고 있었던 것이 아닐까요.

그런가 하면 어떤 독서 클럽은 암흑의 시대에 한 점 불빛이 되었습니다. 히틀러가 유럽을 전화로 몰아넣고 유대인 학살을 시작하던 1941년, 독일 시민들은 조국이 어떤 범죄를 저지르고 있는지 모른 채 무비판적으로 히틀러를 추종하고 있었죠. 이에 뮌헨대학교의 몇몇 대학생과 지도교수로 구성된 독서 클럽 '백장미'는 죽음을 각오하고 '히틀러 타도'를 주장하는 전단을 뿌립니다. 그 중심인물은 한스 숄과 쇼피 숄 남매였지요. 나치당은 전단을 입수하고 크게 당황했습니다. 그들이 아는 보통의 반정부단체는 대개 마르크스나 로자 룩셈부르크 같은 사회주의자들의 말을 인용하는 것이 보통인데, 이들의 전단은 괴테, 노자, 아리스토텔레스를 인용하며 심지어 그 이름도 무슨무슨 투쟁위원회가 아닌 '백장미'였던 거죠. 백장미 회원들은 결국 여섯 번째 전단을 뿌리다가 비밀경찰에게 체포되었고 전원이 처형당하고 맙니다.

독서 클럽들은 이처럼 창조적 아이디어와 비판적 시민의식의 모태였습니다. 국가경쟁력과 민주주의를 함께 발전시켜온 선진국들에서 이러한 독서 클럽의 전통이 이어지고 있는 것은 결코 우연이 아니지요. 독서 클럽은 선진국에서 시민사회의 중심에 있습니다. 미국에는 약 75만 개의 독서 클럽이 있다고 하며, 세계 최고의 독서율을 자랑하는 스웨덴은 인구 980만 명 가운데 약 300만 명이 하나 이상의 독서 클럽에 가입해 있다고 합니다. 약 5~10명으로 구성된 스웨덴의 독서 클럽들은 매주 정기적인 모임을 갖고 책과 사회의 여러 이슈에 대해서도 토론을 벌이는데, 이는 1920년대부터 시작된 전통으로 정부와 시민사회 공동의 노력이 있었다고 합니다. 19세기만 해도 가난하고 척박한 나라였던 스웨덴이 경쟁력을 갖춘 복지국가로 성장한 데는 이러한 풀뿌리 네트워크의 힘이 컸음을 추론할 수 있습니다.

우리는 혼자 책을 읽을 때 조용히 자신을 성찰하고 자유로운 상상의 세계에 빠지게 됩니다. 한편 함께 책을 읽을 때는 다른 사람의 생각과 내 생각을 섞어 새로운 생각을 낳고, 또 타인의 생각을 듣고 이해하는 힘을 기르게 됩니다. 함께 읽기와 독서 토론은 자신의 밀실을 넘어 광장으로 나가는 것입니다. 미국의 시인 에머슨은 이렇게 말했습니다. "같은 책을 읽는다는 것은 사람들 사이를 이어주는 끈이다."라고요.

독서 클럽은 왜 좋은가

──── "바빠서 책 읽을 시간도 없는데 모임까지 어떻게 해?" 하지만 바쁠수록 독서 클럽은 하는 것이 책을 읽는데 도움이 됩니다. 일단 모임에 발을 들여놓으면 좋든 싫든 책을 읽어가야 하니까 독서에 동기가 부여됩니다. 책 안 읽고 갔다가는 열심히 읽어와 멋지게 말하는 사람들 보기 부끄러워 나도 열심히 읽게 되죠. "책 좀 읽어야 하는데……."라면서 한 달째 같은 부분을 헤매고 있다면, 바쁘다는 핑계를 접고 독서 클럽의 문을 두드려보세요.

앞에서도 강조했지만, 독서할 때 이 책에 대해 누군가에게 말할 거라고 전제하고 읽으면 핵심이 잘 파악되고 숨어있는 의미도 잘 찾아낼 수 있습니다. 남들에게 책에 대해 설명할 때 어물어물 정리되지 않은 생각을 늘어놓을 수는 없잖아요? 게다가 독서 토론의 논제가 될 질문들을 찾다 보면 의외로 날카롭고 심층적인 쟁점을 발견할 때가 있습니다. "야, 이 얘기를 사람들과 함께 해 봐야지!"라고 생각하면 기분이 마구 들뜨기도 합니다.

남들만큼 열심히 못 읽어서, 독해력이 약해 책을 이해하지 못할까봐 미안해서 못 가겠다는 사람도 있습니다. 읽기로 약속한 책을 읽기만 했다면, 얼마나 잘 읽었나 하는 것은 문제가 되지 않습니다. 누구든 자기가 해석한 대로 말할 권리가 있고 그것을 존중하는 것이 독서 클럽의 전제니까요. 정 자신이 없다면 한쪽에 앉아 남들이 말하는 것을 열심히 듣는 것만으로도 좋은 공부가 됩니다.

버락 오바마 대통령이나 그의 당내 경쟁자였던 힐러리 클린턴 모두 학창 시절 독서 클럽과 토론을 통해 리더십을 키웠다고 하죠. 심지어 힐러리 클린턴은 원래 식구들 모두가 대대로 공화당 지지자였는데, 모의 정치토론에서 우연히 민주당 후보 역을 맡아 민주당 정책에 대해 공부하고 발표하다 보니 어느새 민주당 지지자가 됐다는 일화가 있습니다. 이처럼 토론 속에는 생각의 연금술이 일어납니다. 내 생각을 정리해 말하면서 더 뚜렷한 생각을 갖게 되고, 다른 사람의 관점과 생각을 접하는 과정에서 신선한 자극을 받게 됩니다. 이 자극으로 인해 생각은 더 나은 생각으로 진화합니다. 1+1이 2가 아니라 3도 되고 4도 되고 10도 되는 곳,

그곳이 토론입니다.

　토론에는 논점이 있고 그 논점에 입각하여 논리적으로 말하는 것이 요구됩니다. 동문서답, 아전인수, 궤변과 억지는 토론에서 환영받지 못하죠. 다른 사람에게 내 생각을 잘 전달하려면, 그리고 그 사람을 설득하려면 어떤 식으로 말해야 효과적일까 고민하다 보면 논리력과 표현력이 길러집니다. 게다가 말을 잘 하려면 상대의 말을 잘 듣지 않으면 안 됩니다. 따라서 경청의 능력도 길러집니다. 당연한 말이지만 논리력, 표현력, 경청은 학교나 직장은 물론이고 어떠한 단체 생활에서도 반드시 요구되는 능력이자 자세입니다.

　사고의 배경이 다른 다양한 사람들을 만날 수 있는 것은 소중한 경험입니다. 그들과의 대화는 특별히 어떤 답을 끌어내지 않아도 그 자체로 훌륭한 공부가 됩니다. 학교나 직장 내에서도 독서 클럽들이 있지만, 다양한 사람을 만나고 싶어 일부러 인터넷에서 독서 클럽들을 알아내 찾아가는 분도 계시더군요. 그리고 함께 책을 읽는 사람들과의 지적 관계는 든든한 자산이 아닐 수 없습니다. 핸드폰을 열고 전화번호부를 보면, 우리에겐 함께 게임하고 영화보고 쇼핑하고 술 마실 친구들은 참 많습니다. 하지만 같이 책 한 권을 읽고 대화를 나눌 친구는 얼마나 되나요? 혹시 책에 대해 얘기를 꺼낼라치면 "야, 머리 아프게 무슨 책 얘기냐?"하는 친구들이 더 많지는 않나요? 우리에겐 함께 여가를 보낼 친구도 필요하지만, 지적 호기심을 공유하고 서로 자극해주는 그런 친구도 꼭 필요합니다. 독서 클럽은 그런 친구의 역할을 해주지요.

철학자 존 스튜어트 밀은 쾌락에는 저급한 쾌락과 고급 쾌락이 있으며, 양쪽을 다 맛본 사람이라면 고급 쾌락을 더 선호할 거라고 말합니다. "만족한 돼지보다 불만족한 소크라테스가 낫다."는 그의 유명한 말은, 인간은 본능적으로 감각적 쾌락에 끌리긴 하지만 이성적 노력을 통해 고급 쾌락에 다가가려는 성향을 지녔음을 의미하지요. 독서를 일상화하고 독서 클럽에 참가하는 것이 혼자 TV를 보거나 게임을 즐기는 것보다 고단하긴 하지만, 해본 사람들은 누구나 그 노력이 질적으로 높은 쾌감으로 돌아온다고 힘주어 말합니다. 독서 클럽에 참가하는 일이 즐거우므로 우리는 어느덧 그 날을 기다리게 되고 독서 클럽을 자신의 삶에서 아주 중요한 곳에 놓게 됩니다. 평소 자본주의 사회의 수동적인 소비자로 살다가도 최소한 독서 토론이 있는 날 우리는 생각하는 인간, 주체적인 인간으로 되돌아옵니다. 이 과정은 우리에게 자존감을 주고, 자존감은 우리를 정신적으로 성숙시킵니다. 그리고 정신적으로 성숙할수록 고상한 행복을 즐길 수 있게 됩니다.

독서 클럽의
문을 두드리자

─────── 대부분 학교마다 독서 동아리가 있고 학교 간 연합 동아리가 있습니다. 또 인터넷으로 '독서 클럽'이나 '독서 모임'을 검색해보면 크고 작은 모임들을 찾을 수 있습니다. 인터넷에 있는 큰 독서 클럽들은 지역마다 모임을 가지기 때문에 사는 곳과 가까운 모임에 찾아가면 됩니다. 지역의 공공도서관에 문의하면 지역 주민들의 독서 모임을 소개해주기도 합니다. 꼭 어떤 모임이어야 한다는 조건이 없다면 일단 어디든 찾아가서 토론에 참여해보면 됩니다. 만약 자기와 잘 맞지 않으면 다른 곳으로 바꾸면 됩니다. 참가자들의 나이나 직업이 다양하다면 그것도 서로로부터 많이 배울 수 있을 테니 좋습니다.

 기존의 독서 클럽에 들어가기 싫거나, 자기 주변에 그런 모임이 없다면 직접 독서 클럽을 만드는 것도 좋습니다. 독서 클럽을 만드는 것은 전혀 거창한 일이 아닙니다. 무엇보다 자신이 의지가 있고 책을 좋아하면 됩니다. 용기 있게 주변 사람들에게 제안해보세요. 일주일에 한 번이든 한 달에 한 번이든, 책에 대해 얘기하고 같이 맛있는 것도 먹는 모임을 해보면 어떠냐고 말이지요. 서너 사람만 있어도 시작하면 됩니다. 단 중요한 것은 꾸준히 하겠다는 마음가짐입니다. 시작은 힘차게 하고서 결국 책은 읽지 않는 '노는 모임'이 되어버리는 경우가 참 많거든요. 그래서 리더가 있어야 하고 리더는 모임이 자리를 잡을 때까지 의식적으로 긴장을 유지할 필요가 있습니다.

요즘같이 사람들이 경쟁에 몰두하고 책보다 TV, 인터넷 같은 미디어에 빠져 있는 시대에 독서 클럽은 안 될 거라고 지레 말하는 분들이 계십니다. 제 답은 "일단 해보라!"는 겁니다. 자기가 독서를 멀리하는 것을 합리화하려는 게 아니라면, 또는 섣불리 주변 사람들을 무시하려는 것이 아니라면 한 번 제안부터 해보시기 바랍니다.

저는 지금까지 많은 독서 클럽을 해왔습니다. 어떤 모임은 좀 더 학구열에 불탔고 어떤 모임은 좀 더 발랄하고 경쾌했던 차이는 있지만, 독서 클럽은 언제나 저의 일상이었습니다. 그러면서 한 가지 사실을 확인했습니다. 제아무리 바쁜 사람, 책을 별로 안 읽는 사람, 소비적인 쾌락을 즐기는 것처럼 보이는 사람도 '책 읽기'의 욕망이 없는 사람은 없더란 겁니다.

더 많이 알고 싶은 욕망, 더 풍부한 감성을 지니고 싶은 욕망, 더 나은 사람이 되고 싶은 욕망은 누구에게나 있습니다. 다만 독서 습관이 몸에 배지 않고 책은 어렵다는 선입견이 그들을 독서로부터 멀어지게 한 것입니다. 저는 누구든 독서의 즐거움을 느낄 수 있고, 독서 클럽의 회원이 될 수 있다고 봅니다.

8

때로 책장을 덮자

> 최고로 아름다운 시를 읽는 것보다 형편없는 시를 짓는 것이 훨씬 더 행복하다.
> ― 헤르만 헤세

당신의 독서가 모델은 누구인가?

──── 한 분야에 통달하기 위해, 인생의 길을 찾기 위해, 생각하는 힘을 기르기 위해……. 모두 독서의 훌륭한 목표입니다. 그런데 결국 이 모든 것은 하나로 이어집니다. 우리는 독서를 통해 '지금보다 더 나은 사람'이 되고자 합니다. 기능적으로든, 지적으로든, 인격적으로든 말입니다.

독서의 즐거움을 알게 되면 사람들은 누구를 자신의 '독서가 모델'로 삼을까 찾기 마련입니다. 역사 속의 위인, 기업의 CEO, 베스트셀러 작가들은 독서량이나 생각의 깊이에서나 좋은 모델이 됩니다. 제게도 독서가 모델이 있습니다. 저의 모델은 유명인사는 아닙니다만, 제게 큰 영향을 끼친 분입니다. 그런데 이 분에 대해 얘기하려면 잠시 다른 분을 먼저 언급해야 합니다.

스무 살 무렵 제가 첫 번째 독서가 모델로 삼았던 분은 '책벌레'로 불리는 분이었습니다. 얼마나 책을 많이 읽었는지 정말 모르는 분야가 없을 정도로 박식했습니다. 그분이 제게 읽어봤냐고 묻는 책들은 도대체 들어본 적도 없는 책이 대부분이어서 여간 창피한 게 아니었어요. 그것이 자극이 되어 저도 열심히 책을 읽었고 그처럼 똑똑한 사람이 되려고 노력했습니다. 그러다 보니 어느새 그의 말투나 버릇까지도 따라할 정도가 되었어요.

그런데 시간이 갈수록 그를 존경하는 마음은 조금씩 줄어들었고, 오히려 조금씩 불만이 쌓였습니다. 저의 지식 수준이 턱없이 부족한데도 그는 제가 이해하든 말든 아랑곳없이 니체가 어떻고 거시경제가 어떻고 하며 철학 용어나 사회과학 지식을 줄줄 늘어 놓았습니다. 저는 점점 주눅이 들었습니다. 말은 또 얼마나 긴지 나중엔 그의 얘기를 한쪽 귀로 들으면서 머릿속으로는 유행가를 흥얼거릴 수 있을 정도가 되더군요.

한 번은 제가 그 선배의 말에 조심스럽게 이견을 제기했습니다. 그때 그의 말이 "그 책에 다 나와 있다. 책부터 읽고 얘기해라."는 거였어요. 저는 다시 침묵했습니다. 그는 자기 생각과 다른 주장은 극단적으로 배격하는 편이었습니다. 그건 말도 안 돼, 그건 허접한 생각이야, 이런 말을 자주 하곤 했지요. 그러나 워낙 지식 내공이 대단하다 보니 누구도 감히 그에게 반발하지 못했습니다. 여전히 그의 방대한 독서와 지식은 부러웠지만 내심 불편함이 커지고 있었습니다.

그러다가 전혀 딴판인 선배를 만났습니다. 이 선배도 책을 좋아했고 늘 책을 들고 다녔지만 스타일은 앞의 선배와 전혀 달랐어요. 앞의 선배가 지식을 과시하고 그것을 남에게 강요하는 스타일이었다면, 두 번째 선배는 질문을 던지고 대화하는 것을 즐기는 스타일이었죠. "이 책에선 이렇게 얘기하는데, 나는 그게 이런 뜻인 것 같거든. 너는 어떻게 생각하니?" 이렇게 어떤 책이든 핵심을 요약한 다음 상대가 생각할 수 있는 논점을 주었습니다. 그러면 제가 그 책을 못 읽었더라도 대화에 참여할 수 있었지요. 그는 제 얘기를 경청하고 "참 좋은 지적이다."라며 흔쾌히 동의하거나 혹은 "네 얘기엔 이런 점이 좀 부족한 것 같은데?"라며 제 허점을 찾아주기도 했습니다. 그와의 대화는 참 즐거웠습니다.

그의 왕성한 지적 호기심은 옆에 있는 사람들까지 덩달아 들뜨게 만들 정도였지요. 그는 "왜 그럴까요?" "왜 그렇지?"라는 순수한 질문을 선배에게든 후배에게든 스스럼없이 던지는 사람이었습니다. 어떨 땐 두꺼운 철학, 경제, 사회과학 책을 구멍 날 정도로 파고들다가도 또 어떨 땐 벤치에 앉아 얇은 시집 한 권을 나비 날개처럼 섬세하게 넘기는 사람이었습니다. 토론할 때는 논리가 또렷하여 한 치의 허점도 허용치 않았지만, 자취방에 놀러 가면 손수 밥을 차려 주는 자상한 분이기도 했습니다. 늘 아이처럼 꿈꾸는 얼굴이었지만 그의 가장 큰 고민은 언제나 앎을 삶으로 실천하는 것이었죠. 저는 그를 저의 두 번째, 그리고 진정한 독서가 모델로 삼았습니다. 그는 아직도 제가 다다르기 힘든, 참 아름다운 독서가였습니다. 그를 만난 후에 저는 독서란 단지 많이 알기 위해서가 아니라 무언가를 사랑하기 위해, 더 나은 사람이 되기 위해 하는 것임을 알았습니다.

  그는 책벌레가 아니었습니다. 그는 책을 덮고 사색할 줄 알았고, 세상에 대한 호기심을 책으로 연결했으며, 또 책에서 읽은 것을 삶으로 완성하려 했습니다. 그래서 저는 그를 아름다운 독서가로, 지식이 아닌 지혜를 나누는 독서가로 기억합니다.

사색할 때
좋은 아이디어가 솟는다

─── 저는 글을 쓰다가, 또는 어떤 일을 하다가 막힌다 싶으면 정처 없이 걷곤 합니다. 공원에도 앉았다가, 아무 버스나 타기도 하고, 눈에 보이는 아무 카페나 목욕탕에 들어가기도 합니다. 이때에 쓰던 글에 대해서도 생각하지만, 주로 아무런 연관 없는 상상을 하곤 합니다. 한참 그러다가 다시 일로 돌아오면, 아까는 그렇게도 풀리지 않던 글이 갑자기 제가 알아서 길을 내곤 합니다. 휴식 중에 제 머릿속에서 저절로 형상을 갖추기라도 한 것처럼 말이죠. 독일의 물리학자 헬름홀츠는 "내가 아는 한, 아이디어는 내가 지쳤거나 책상 앞에 앉아서는 절대로 나오지 않는다."고 말했는데, 저는 여기에 100% 동감합니다.

늘 책을 가까이 하는 것과 책만 무조건 들여다보는 것은 다릅니다. 독서의 질을 높이려면 여유를 가지고 사색할 줄 알아야 합니다. 『이상한 나라의 앨리스』의 작가 루이스 캐럴은 원래 수학자이자 논리학자였습니다. 그런데 그가 무척 좋아한 일은 사진 찍기와 그림 그리기, 아이들과 놀기였지요. 특히 친구의 세 딸들을 무척 아낀 캐럴은, 그 아이들과 함께 보트놀이를 하면서 이야기를 지어내 들려줍니다.

그 이야기를 책으로 옮긴 것이 『이상한 나라의 앨리스』이지요. 그는 "어떤 주제에 대해 한 시간 동안 꾸준히 생각하는 것이 그 시간에 두세 권의 다른 책을 읽는 것보다 낫다."고 말했습니다. 그가 즐긴 놀이와 사색이 그의 창조성의 원천이 되었던 겁니다. '독서하는 CEO'로 불렸던 안철수 교수도 "독서에서 글을 읽는 것만큼 중요한 것은 사색이다."라고 합니다.

화분에 물을 줄 때 급히 주면 물이 넘칩니다. 물이 흡수되는 시간을 기다려서 다시 줘야 넘치지 않고 물이 잘 흡수됩니다. 마찬가지로 지식도 우리 안에 들어와 자리 잡을 시간이 필요합니다. 이것이 사색하는 시간입니다. 사색의 시간을 거치면 아까는 이해되지 않았던 내용이 어느덧 이해되고, 그 지식의 이면이 보이기도 하며, 지식과 지식이 연결되어 새로운 지식으로 탄생하기도 합니다. 칼 포퍼는 문제를 들여다보기를 그만하고 문제 속으로 들어가 그 일부가 되어버리라고 합니다. 소동파는 "대나무를 그리려면 먼저 대나무가 자기 속에서 자라게 해야 한다."라고 했습니다. 사색은 우리에게 마음의 눈을 뜨게 하고, 마음의 눈을 뜨면 놀라운 직관력이 생기게 됩니다.

다양한 체험이
독서를 완성한다

―――― 구스 반 산트 감독의 영화 《굿 윌 헌팅》은 마음을 닫은 천재 청년 윌(맷 데이먼)에 대한 이야기입니다. 윌은 가난한 고아 출신으로 MIT대학의 청소부로 일합니다. 그러나 그는 수학과 대학원생들도 풀지 못하는 문제를 가볍게 풀어버리고, 잘난 체하는 하버드생의 콧대를 어마어마한 독서를 통해 납작하게 만드는 인물입니다. 그런 윌에게 수학 교수는 기회를 주려 하지만 공격적인 윌은 도무지 협조할 생각이 없지요. 이에 교수는 친구이자 정신과 의사인 숀(로빈 윌리암스)을 데려다 상담을 맡깁니다. 하지만 윌은 숀이 그린 그림을 보고 그의 삶과 결혼 생활을 제멋대로 분석해댑니다. 지식만큼 영혼이 성숙하지 못한 것이지요. 다음날 숀은 윌에게 이렇게 이야기합니다.

"미술에 대해 물으면 온갖 정보를 다 댈걸. 미켈란젤로, 그를 잘 알거야. 그의 걸작품이나 정치적 야심, 교황과의 관계, 성적 본능까지 알 거야. 그렇지? 하지만 시스티나 성당의 냄새가 어떤지는 모를걸? 한 번도 그 성당의 아름다운 천정화를 본 적이 없을 테니까. 난 봤어.

전쟁에 관해 묻는다면 셰익스피어의 명언을 인용할 수도 있겠지. '다시 한 번 돌진하세 친구여' 하며. 하지만 넌 상상도 못해. 전우가 도움을 간청하는 눈빛으로 마지막 숨을 거두는 걸 지켜보는 게 어떤 건지.

사랑에 관해 물으면 한 수 시까지 읊겠지만 한 여인의 완전한 포로가 되어 본 적은 없을걸. 그 사랑은 어떤 역경도, 암조차도 이겨내지. 죽어가는 아내의 손을 잡고 두 달이나 병실을 지킬 땐 더 이상 환자 면회 시간 따윈 의미가 없어. 진정한 상실감이 어떤 건지 넌 몰라. 타인을 네 자신보다 사랑할 때 느끼는 거니까. 누굴 그렇게 사랑한 적이 없을걸?

내 눈에 넌 지적이고 자신감 있기보다 오만에 찬 겁쟁이 어린애로만 보여. 하지만 넌 천재야. 그건 누구도 부정 못해. 그 누구도 네 지적 능력의 한계를 측정하지 못해.

그런데 넌 그림 한 장 달랑 보곤 마치 내 인생을 다 안다는 듯 내 아픈 삶을 잔인하게 난도질했어. 너 고아지? 네가 얼마나 힘들게 살았고, 네가 뭘 느끼고 어떤 앤지 『올리버 트위스트』만 읽어보면 알 수 있을까? 그게 널 다 설명할 수 있어?"

월은 자기만의 방에 틀어박혀 세상과 만나지 않으려 합니다. 방대한 독서를 통해 그는 무엇이든 알지만 역설적으로 그 어떤 것도 제대로 몰라요. 우리도 어쩌면 윌과 같은 사람들일지 모릅니다. 학교에서 이리저리 배운 것으로 아는 것은 많지만 직접 해본 것은 별로 없고, 막상 직접 해보려 하면 망설이지요. 우리의 지식은 대체로 무엇을 하지 말아야 하는 이유를 대는 데 사용됩니다. "그건 위험해." "그건 무모해." 이렇게요.

그러나 책에서 읽은 지식이 전부가 될 수는 없습니다. 지식은 직접 체험을 통해 보완되고 또 교정되어야 합니다. 그래야 내 것이 될 수 있습니다. 그렇지 않으면 그 지식은 나를 둘러싼 담벼락과 같습니다. 지식과 현실이 다를 수 있지만, 그런 것을 두려워해서는 안 됩니다.

좋은 독서가가 되려면 한편으로 많은 체험을 해야 합니다. 낯선 곳을 여행하고, 많은 사람을 만나며, 어려운 이웃을 위해 봉사하며, 몸을 써서 노동해 보고, 자기 생각을 글로 쓰고, 예술적인 일을 해보는 것……. 이 모든 다양한 체험은 독서를 더욱 생생하게 만듭니다. 많은 체험을 해본 사람은 책에 나오는 장면과 인물을 구체적으로 상상할 수 있습니다. 저자가 지적하는 사회 문제가 왜 문제인지 공감할 수 있고, 복잡한 통계 자료 아래에서 숨은 사람의 온기를 느낄 수 있습니다. 명나라 말기 서화가 동기창은 "만 권 책을 읽고 만 리 여행을 하라.(독만권서讀萬券書 행만리로行萬里路)"라는 말을 남겼습니다. 젊을수록 많은 체험을 쌓아야 합니다. 그것이 평생 독서의 바탕이 됩니다.

또한 체험은 지적 호기심을 자극합니다. 직접 무언가를 해보면 점점 더 그 일에 대해 알고 싶어집니다. 요리를 해본 사람은 요리의 세계와 먹을거리 문제에 호기심을 가집니다. 봉사 활동을 해본 사람은 복지 정책에 더 관심을 갖게 됩니다. 여행을 해본 사람이 문화재의 역사에 더 질문이 많습니다. 도시인이 어느 날 느닷없이 야생화가 궁금해지는 일은 별로 없습니다. 산속을 이리저리 다니며 야생화를 접해본 사람이 더욱 관심을 갖고 책을 찾기 마련이지요. 체험은 우리의 호기심을 증폭시키고 그 호기심이 우리를 책으로 이끕니다. 그리고 책에서 얻은 지식은 더 나아간 체험을 가능하게 합니다.

우리는 책에서 읽은 지식을 현실에서 검증하려는 노력도 아끼지 말아야 합니다. "무거운 물체가 가벼운 물체보다 더 빨리 떨어진다."고 한 아리스토텔레스의 말은 진리로 받아들여졌지만, 갈릴레이는 이를 직접 실험으로 검증해보고 사실이 아님을 알아내지요. 그의 실험 정신이 근대 과학의 막을 열었습니다. 갈릴레이가 지동설을 주장하자 프란체스코 싯지란 신학자는 이렇게 말합니다. "갈릴레이의 말에 따라 행성의 수를 늘리면 신이 주신 이 아름다운 체계가 무너진다." 천동설의 낡은 믿음이 그에겐 아름다운 체계였던 것이죠. 이런 낡은 믿음을 과감히 깨는 데 우리는 주저함이 없어야 할 겁니다.

독서로 얻은 지식을 실천하자

플라톤이 에로스를 말할 때 디오게네스는 그 앞에서 자위를 했고 플라톤이 영혼을 말할 때는 코를 후볐습니다. 한 번은 플라톤이 사람들 앞에서 '인간이란 무엇인가?'에 대해 정의를 내리고 있었습니다. "인간은 깃털이 없고 두 발로 걷는 동물이요." 그러자 디오게네스가 닭의 털을 뽑아 사람들 앞에 던지며 말했습니다. "이것이 플라톤이 말하는 인간이오!"

디오게네스가 말하고 싶었던 것은, 사람들의 '앎'이 얼마나 관념적이고 비현실적인가 하는 것이었지요. 그의 비판은 오늘날에도 의미심장합니다. 왜냐하면 오늘날은 앎이 삶을 초월해 저 혼자 팽창하는 시대이기 때문입니다. 학교에서 배우는 수많은 지식, 매스미디어와 인터넷으로 알게 된 각종 가십, 쏟아지는 출판물……. 거기엔 엄청난 정보들이 있지만 정작 우리가 어떻게 살아야 할지 알려주는 것들은 별로 없지요. 우리는 삶에 그다지 절박하지도 않은 것들을 머리에 꾸역꾸역 넣으면서 '지식정보화 시대의 트렌드'에 발맞춘다고 생각합니다.

우리 시대의 위기는 앎과 삶의 불일치에서 온다고 합니다. 앎이 부족해서가 아니라 아는 것을 실천하지 않기 때문에 모든 문제가 발생하는 것이지요. 지구 온난화로 북극의 얼음이 녹는다는 사실을 알지만 그래도 더우니까 에어컨은 켭니다. "사회 양극화가 심각해져서……."란 말을 누구나 하지만 정작 내 주머니에서 기부든 세금이든 내는 것은 싫어하지요. 누구나 독서를 강조하지만 여전히 우리나라 성인 평균 독서 시간은 OECD 30개국 중 최하위입니다. 다들 정치를 욕하지만 정작 선거일에 투표하러 가지는 않습니다.

우리는 독서로 얻은 지식을 실천하는 사람이 되어야 합니다. 삶과 괴리된 앎, 실천하지 않는 지식은 무의미합니다. 그 괴리 속에 싹트는 것은 냉소주의입니다. 머리로는 싸늘하게 비평하지만 몸으로는 아무것도 하지 않지요. "그런 식으론 안 되.""이 나라는 틀려먹었어."하고 비웃지만 그건 별 도움이 되지 않습니다. 원래 삶은 언제나 책보다 비루하니까요. 우리가 책을 읽는 이유는 그 비루한 삶을 조금이라도 나아지게 하기 위해서이지 책에 안락하게 기대 삶을 비난하기 위해서가 아닙니다.

『성』, 『변신』을 쓴 프란츠 카프카는 참 흥미로운 사람입니다. 카프카는 문학과는 별 관계없는 미국 산업안전협회로부터 금메달을 받기도 했지요. 산업 현장의 필수품인 안전모를 발명한 사람이 바로 카프카이거든요. 카프카는 안전관리사로 일하며 글을 썼습니다. 그가 병에 걸렸을 때 매일 문병을 온 작업장 동료가 있었는데, 그 동료는 카프카가 죽은 후 그가 작가였다는 말을 듣고 깜짝 놀랐다고 하죠.

카프카가 어느 날 한 젊은이와 거리를 걷고 있었습니다. 젊은이는 서점의 책을 들여다보면서 "책 없이 살아간다는 건 생각만 해도 무서워요. 나에게 책은 이 세상의 전부입니다."라고 말했습니다. 그러자 카프카가 이렇게 말합니다.

"그건 잘못이야. 책이 세상을 대신할 수는 없어. 인생에서 모든 것은 나름대로 의미와 목적을 지닌단 말이야. 영원한 대체물은 있을 수 없어. 인간도 다른 무엇을 매개로 해서 경험을 숙달할 수는 없는 법이야. 사람은 새장의 노래하는 새처럼 삶을 책에 가두려고 하지만 그건 부질없는 짓이야."

우리는 흔히 책이 세상을 만들어왔다고 말합니다. 책에는 세상을 변화시키는 힘이 있다고도 합니다. 하지만 카프카는 정확히 핵심을 짚고 있습니다. 책이 세상을 대신할 수는 없다고요. 즉 세상을 만들고 변화시키는 것은 결국 책을 읽은 '인간'이라는 것을요. 책을 읽고 우리가 고개를 끄덕이기만 하는 것으로는 아무것도 바뀌지 않습니다. 책이 저 혼자서 우리 삶을 풍요롭게 만들어주는 것이 아닙니다. 책에서 무언가를 깨닫고 성숙한 독서가가 몸소 행동해야만 그렇게 될 수 있습니다. 결국 독서와 함께한 우리의 여행은 이 질문으로 귀결됩니다.

"나는 아는 만큼 실천하고 있는가?"

실천은 그렇게 거창한 것이 아닙니다. 독서의 중요성을 알았다면 당장 내일부터 새벽에 한 시간이라도 책을 읽으면 됩니다. 공부의 중요성을 알았다면 휴일에 TV를 끄고 도서관으로 가면 됩니다. 관계의 중요성을 알았다면 친구에게 내가 먼저 손을 뻗으면 됩니다. 가족의 중요성을 알았다면 집안일을 조금씩 거들면 됩니다. 나눔의 중요성을 알았다면 한 달에 한두 시간이라도 장애인의 목욕 보조를 하면 됩니다. 환경의 중요성을 알았다면 에어컨을 끄고 한 달에 오천 원씩이라도 환경단체에 기부하면 됩니다. 올바른 정치의 중요성을 알았다면 눈을 똑바로 뜨고 투표를 하면 됩니다. 아는 것만큼 행동하면 되는 것입니다.

독서가 이처럼 작은 실천으로, 그 실천이 더 큰 지적 관심을 불러와 더 치열한 독서로, 그리고 다시 더 수준 높은 실천으로 이어질 때, 이것이 진정 아름다운 독서가 아닐까요? 우리가 아름다운 독서가로 성장하는 만큼, 더 나은 삶과 더 좋은 사회로도 한 걸음 다가가고 있을 것입니다.

지은이 오준호

1975년에 태어나 대구에서 어린 시절을 보내고 서울대학교 국어국문학과에서 공부했다. 학창 시절에는 강의실보다는 거리를 뛰어다니느라 바빴다. 스무 살 이후 늘 하나 이상의 독서 모임을 해 왔다. 대학에서 고전 독서 모임 '인문학회'를 만들어 고전을 공부했고, 지금도 새로운 독서 모임을 통해 묻고 답하며 읽는 중이다. 조지 오웰, 히로세 다카시 같은 작가가 되고자 책을 쓰고 번역하고 있다. 지은 책으로 『반란의 세계사: 이오니아 반란에서 이집트 혁명까지』(2011년)가 있고, 옮긴 책으로는 『보이지 않는 주인』(2011년), 『노란 방의 미스터리』(2009년), 『나는 황제 클라우디우스다』(전 3권, 2007년), 『클로텔, 제퍼슨 대통령의 딸』(2005년)이 있다.

블로그 http://interojh.blog.me '초원의 바람'.

소크라테스처럼 읽어라

발행일 2012년 8월 1일 (초판 1쇄)
　　　 2016년 8월 20일 (초판 3쇄)
지은이 오준호
펴낸이 이지열
펴낸곳 미지북스
서울시 마포구 상암동 2-120번지 201호(우편번호 121-270)
전화 070-7533-1848　팩스 02-713-1848
mizibooks@naver.com
출판 등록 2008년 2월 13일 제313-2008-000029호
책임 편집 권순범
출력 상지출력센터
인쇄 한영문화사

ISBN 978-89-94142-23-4　03020
값 12,000원